LA PRESSION

DE

L'OPPRESSION

Farida Bemba Nabourema

LA PRESSION

DE

L'OPPRESSION

RiovaS

contact@faridanabourema.com

Dépôt légal: Décembre 2013
Library of Congress
Washington D.C/USA
Imprimé aux USA
ISBN 978-1-4954-5360-1

Dédicace

À cet homme qui depuis toute petite m'a apprise à choisir la liberté face à la servilité, la justice face à l'abus, l'opposition face à l'oppression et la dignité face à la vanité : Nabourema Bemba Yacoubou.

À Mon Père !

Remerciements

Je remercie du fond du cœur tous mes enseignants de la maternelle à l'université et plus particulièrement ceux qui ont su m'apprendre avec patience à aimer leurs matières.

Je ne remercierai jamais assez mes parents qui malgré les difficultés ont fait des sacrifices pour que je sois une femme épanouie.

J'envoie une tonne de remerciements à toutes ces personnes que je ne pourrai malheureusement pas citer qui me soutiennent, m'apprécient et m'encouragent dans mes différentes initiatives.

Je dirai pour finir, Merci à toutes ces personnes qui se sont battues et continuent à se battre contre l'oppression de par le monde.

Table des Matières

AVANT-PROPOS

Ce qui rend souvent la vie des activistes politiques pénible, ce n'est pas forcément les agressions des systèmes qu'ils combattent, mais celles des personnes pour qui ils se battent. Il est souvent difficile aux gens de comprendre les motivations et les aspirations des activistes car ils n'ont souvent pas l'opportunité ou la capacité d'effectuer des recherches sur le combat que mènent ceux-ci, afin de faire des analyses approfondies sur les injustices contre lesquelles ils s'insurgent. Les activistes politiques qui comme moi luttent contre l'oppression, doivent faire face à la pression de leurs proches qui eux, les prennent pour des rêveurs ou des déjantés.

Je me suis engagée dans la lutte contre l'oppression des peuples africains en général et togolais en particulier à un âge relativement bas. J'étais encore adolescente quand cette forte envie d'en découdre une fois pour de bon avec la maltraitance des miens a surgi en moi. N'étant pas comprise par mon entourage, celui-ci a cherché à m'éloigner de cette cause. Je me suis souvent isolée afin d'avoir la quiétude nécessaire pour mener ce combat. De nombreuses personnes ne comprennent pas pourquoi je n'ai pas peur de me faire tuer ou pourquoi j'ose hausser le ton contre l'injustice alors que je ne suis qu'une femme. Les gens ont vu en moi des handicaps et non des potentiels pour changer le cours de la vie d'un peuple que j'aime tant.

Durant de nombreuses années, j'ai répondu aux personnes qui me mettent la pression afin de me décourager de ce combat, par ma frustration, ma colère et ma fougue d'adolescente. Puis j'ai réalisé grâce au soutien d'autres personnes qui, elles, m'apprécient et prennent le temps de m'écouter que je dois offrir aux gens pour qui je me bats et qui ne me comprennent pas, l'occasion de voir les choses comme je les vois et la possibilité de comprendre le sens de ma lutte. Me comprendre diffère de m'accepter ou de me soutenir mais il permettra au moins de générer un débat objectif sur les questions que je soulève.

Je suis souvent traitée de personne difficile, fermée,

têtue, imbue, trop fière et rude ; pas parce que je ne le suis pas, mais parce que ceux qui m'attribuent ces qualificatifs ne savent pas pourquoi je parais être telle qu'ils me voient. Il y a 3 ans, à 20ans, quand j'ai commencé à prendre le devant de certaines initiatives politiques, j'ai accordé une interview à un media et quelle ne fut ma déception de constater que la majeure partie des commentaires portaient sur ma photo plutôt que sur le contenu de cette interview. Je fus heurtée que les seules choses qui intéressèrent les lecteurs étaient mon physique, mon visage, mon sourire et plus rien d'autre. Les quelques rares qui avaient fait des commentaires « politiques » m'ont attribué l'intention de me faire remarquer par le dirigeant que je dénonçais afin de devenir sa maîtresse. J'en fus choquée.

Mais grâce à cette éducation que j'ai reçue de mon père qui même pas une seule fois n'a fait allusion à mon genre quand il est question de discuter de mes capacités, je ne me suis pas laissée abattre par ce sexisme dont j'étais victime, car je savais que je valais quelque chose au-delà de mon physique. Alors, j'ai changé de ton dans mes discours politiques. Il fallait que je sois forte, que j'apparaisse coriace, imbattable, redoutable, digne, fière et que je dise ce que les autres ne peuvent pas oser dire même dans leurs pires cauchemars. Il fallait que je devinsse cette fille que les gens veulent lire et écouter et non celle que veulent s'offrir les prédateurs sexuels. Je devais prouver qu'en tant que femme je peux mieux faire que des millions d'hommes rassemblés et inspirer d'autres femmes à m'emboiter le pas. Et en jouant ce nouveau rôle que je m'étais créé, je suis devenue ce personnage que des fois j'ai du mal à reconnaître mais dont je suis certainement fière.

Au bout de ces dernières années, j'ai gagné en maturité psycho-intellectuelle et ai décidé de ne plus laisser personne m'intimider, me diffamer, m'humilier ou m'opprimer. Cela m'a permis de réaliser que la plupart des personnes que « je remettais sévèrement et sèchement à leur place » pour avoir tenté de me discriminer, sont des opprimés comme moi et j'ai attribué leurs agissements à l'ignorance de leur condition.

J'ai donc rédigé ce livre pour expliquer, à travers des essais, mes positions sur de différents sujets liés d'une manière ou d'une autre à l'oppression, en espérant que chaque opprimé qui se retrouvera dans ces lignes analysera lui-même sa condition de vie et qu'avec un peu de chance, se révoltera tout comme moi contre son oppression ainsi que celle de son peuple si cela n'est pas encore fait.

Ce livre n'offre pas de solution à l'oppression car si j'en connaissais une qui puisse marcher, je l'aurais employé sans hésiter. Le but du livre est d'inciter les lecteurs à se révolter contre toute forme d'oppression qu'elle soit intellectuelle, religieuse, politique, morale, économique ou psychologique, afin qu'ensemble nous trouvons la solution adéquate pour y mettre fin. Ce que je condamne dans mon livre, c'est la complaisance de l'opprimé dans la précarité de sa vie ; l'acceptation de son sort et le refus de fournir l'effort nécessaire pour son amélioration. Il y a des personnes qui ignorent qu'elles sont opprimées et qui, par conséquent, ne font rien pour se libérer de la pression de leurs oppresseurs. Puis il y a d'autres qui savent qu'elles sont opprimées mais qui pensent que leur situation ne pourra jamais changer car la nature serait ainsi faite. Je souhaite que ce livre puisse permettre aux uns de découvrir leur mal qu'est l'oppression et aux autres de réaliser qu'ils peuvent changer leur condition s'ils en ont la volonté et le courage.

L'oppression est comme le cancer. Aucun médecin ne garantit à son patient une guérison à 100%. Le rôle du médecin est de diagnostiquer la maladie, de soulever si possible ses causes et manifestations et de suggérer les traitements qui pourraient soulager ou guérir le patient. Ses suggestions ne garantissent ni la cure, ni l'impossibilité de retour du mal : la rechute. Au malade du cancer, les médecins expliquent que son état d'âme joue un énorme rôle sur sa santé. Raison pour laquelle l'on suggère aussi bien au patient qu'à ses proches, de se faire aider par des psychologues car la dépression peut dégrader son immunité qui est déjà trop affaiblie par la maladie.

En outre, le patient peut suivre à la lettre les recommandations du médecin et succomber toujours à la maladie. Néanmoins, la guérison, quant à elle, passe absolument par la volonté de guérir en prenant d'abord conscience de sa maladie, en suivant les conseils de son médecin et en la combattant avec la dernière vigueur. Ce n'est pas parce que l'on n'est pas sûr de guérir, que l'on devrait refuser un traitement car « qui ne tente rien, n'a rien » comme on le dit dans le jargon africain. Quand on veut vivre ou survivre, la première chose à faire est de chasser le fatalisme et le pessimisme de son esprit. Pour guérir, la victime du cancer doit croire en sa guérison et il en est de même pour l'opprimé. Pour être libre, il faut avant tout croire en sa liberté et ensuite combattre son oppression.

La nature, contrairement à ce qu'on pense généralement, n'est pas injuste. Ce que la nature ne tolère pas, c'est la « paresse » de certaines espèces animales comme végétales qui ne font pas usage des atouts qu'elle leur a offerts pour subsister. La nature a doté l'Afrique d'innombrables ressources qui peuvent lui permettre de vivre indépendamment des autres et de jouir entièrement de sa liberté et de sa souveraineté. Mais l'Afrique n'y arrive pas parce que ses enfants ont accepté que d'autres peuples (qui eux savent faire usage de la ruse que la nature leur a offerte) l'exploitent, la dominent et l'oppriment. Que les Africains ne viennent donc pas dire que c'est la nature qui est injuste car la nature n'a demandé à aucun Africain d'accepter d'être l'esclave des autres. Si nous, les Africains, refusons de prendre des mesures adéquates pour nous protéger contre les « prédateurs », nous continuerons à être « dévorés » par ceux-ci et un jour, de la nature, nous disparaîtrons.

Chez l'espèce humaine, l'oppression est l'arme des prédateurs.

Excellente lecture !
Farida

INTRODUCTION

L'oppression est l'action de soumettre un individu ou un groupe de personnes à une autorité qui le maltraite. L'autorité en question se crée un statut qui lui accorde une certaine supériorité vis-à-vis de ses « sujets » et qui pousse ces derniers à le craindre et à lui obéir. Ensuite, une fois la crainte et la soumission établie, l'autorité abuse de son pouvoir pour maltraiter ses sujets, des fois dans le but d'assouvir ses plaisirs masochistes ou pour s'octroyer certains avantages. L'on retrouve l'oppression dans différents types de relations à savoir l'oppression des enfants par leurs parents ou tuteurs, l'oppression d'un(e) conjoint(e) par son ou sa partenaire, l'oppression des élèves par leurs enseignants, l'oppression des travailleurs par leurs employeurs, l'oppression des citoyens par leurs gouvernants etc.

Dans les essais qui vont suivre, l'on découvrira un cocktail d'oppressions à savoir l'oppression religieuse, économique, politique, intellectuelle pour ne citer que ceux-là, qui dans certains cas engendrent directement la souffrance des opprimés et dans d'autre cas, mettent ces derniers dans des situations dégradantes qui finissent par les faire souffrir.

Tout au long de ce livre, le mot « maître » est employé en référence à l'oppresseur et le mot « esclave » en référence à l'opprimé. Cette analogie n'as pas pour but de dénigrer ou de diaboliser un groupe de gens, mais de ressortir la désolation qu'entraîne certaines situations affligeantes. Par ailleurs, le ton espiègle de certains textes peut porter à croire que je suis amusée par la souffrance des autres ; chose qui est loin d'être le cas. Il m'arrive de me mettre des fois dans la peau de l'oppresseur afin de ressortir le cynisme et le sadisme de ce dernier. La pression de l'oppression est un livre qui condamne à la fois l'oppresseur et l'opprimé et qui exige que le lecteur ne s'inscrive ni dans les rangs de l'un, ni de l'autre car aussi bien les opprimés que leurs oppresseurs subissent la pression de l'oppression.

I

7 CRITIQUES ET QUESTIONS A L'ACTIVISTE QUE JE SUIS

Cela fait déjà quelques années que je peux dire être engagée dans ce que j'appelle la lutte contre l'oppression. Je pourrais toutefois l'appeler lutte pour la liberté mais ce serait trop naïf de ma part de penser que mettre fin à certaines pratiques assujettissantes et dénigrantes signifierait l'obtention de la liberté. La liberté en laquelle je crois est individuelle, pas collective car je pense que la liberté est avant tout ce que nous faisons d'elle.

À tort ou à raison je peux être qualifiée d'activiste politique ou de politicienne. Mais peu importe la catégorie dans laquelle je suis située par les uns et les autres ou celle dans laquelle je me perçois, une chose est sure : c'est que j'aime et suis fière de ce que je fais.

Durant les deux ou trois dernières années au cours desquelles j'ai commencé à plus m'afficher sur la scène politique togolaise et africaine en générale par le biais des réseaux sociaux, j'ai beaucoup appris, compris, entendu, vu, perdu mais surtout acquis. L'année la plus éprouvante pour moi fut 2011. Après la naissance officielle du mouvement Faure Must Go que l'on m'attribut de la faite que j'en étais la porte-parole. Ma vie privée et publique furent jumelées et pour la nouvelle adulte que j'étais, ce fut une transition difficile.

Je souhaiterais donc ouvrir mon journal et partager avec ceux qui m'estiment tout comme ceux qui me calomnient, une partie de ce que je reçois comme critiques et de ces choses qui motivent mon combat.

1- Je suis trop jeune pour la politique

Cette assertion ou si je peux me permettre de l'appeler critique, est l'une des plus fréquentes que je reçois depuis au moins 3 ans. Mais la première fois que je fus « remise à ma place » pour avoir exprimé mon désarroi face à une situation injuste fut en classe de 4ème où lors d'un cours d'anglais, j'avais soulevé un problème que le professeur n'apprécia guère et auquel il répondit très sèchement : « Les enfants ne font pas la politique ».

La politique. Qu'est-ce au juste ? Je n'y comprenais pas grand-chose à ce mot familier mais trop ambigu. Cela aurait pu être dû à « mon jeune âge » (12 ans à l'époque) où au faite que personne ne m'avait jamais expliqué le sens de ce mot qui terrorisait autant mon professeur d'anglais. Mais quoi qu'il en soit, ce fut la première fois que la politique me fut érigée en thème tabou à cause de « mon jeune âge ». La politique, je l'ai comprise plus tard (au sens restreint bien entendu) comme étant l'art de gouverner. Souvent, les personnes qui « dénoncent » mon engagement politique ne sont pas gênées par la politique en soit. Elles sont plutôt gênées par mon engagement contre un régime politique tyrannique dont la seule évocation du nom les fait trembler.

Aujourd'hui, plus d'une dizaine d'années plus tard, des gens me reprochent toujours de « faire la politique ». Ces personnes oublient qu'être suffisamment âgé pour discerner le bien du mal, le bon du mauvais et le juste de l'injuste signifie être assez mature pour discuter des affaires politiques. Le président de l'Afrique du Sud Jacob Zuma était déjà en prison à 17 ans pour avoir lutté contre l'Apartheid. Stompie Moeketsi, jeune activiste sud-africain qui aussi a milité contre l'apartheid et qui fut assassiné en 1988 s'était joint à la lutte à l'âge de 10 ans. À 13 ans, il fut exclu de l'école à cause de ses activités politiques avant d'être assassiné un an plus tard à l'âge de 14 ans[1]. Cet enfant, comme des milliers d'autres enfants sud-africains, avait compris qu'il était né dans un système de gouvernance injuste et n'avait pas souhaité grandir dans cette injustice avant de se soulever conte celui-ci. Que l'on me dise alors à quel âge je suis supposée être assez mature pour dénoncer l'injustice, l'oppression et l'exploitation dont mon peuple et moi sommes victimes ! Suis-je supposée n'être intéressée que par les clubs de nuit, l'alcool et les feuilletons parce que la plupart des jeunes de mon âge le sont ? Comprendre tôt sa condition de vie et chercher à l'améliorer est-il un crime ? Des questions auxquelles je n'obtiens jamais de réponses.

---

[1](Stanford University n.d.)

2- Je suis une femme

Être de genre féminin est une autre raison pour laquelle je devrais me garder de m'insurger contre toute injustice. Quand on est femme et activiste, on fait face à deux maux. Le mal des machos et celui des admirateurs. Les machos eux sont outragés et n'hésitent pas à me rappeler que mon devoir c'est de cuisiner et de « mettre bas ». D'aucuns plus aimables m'ont traité de « femme non domestiquée » et donc sauvage ; un compliment qui me va droit au cœur car cela me différencie des animaux apprivoisables. D'autres moins galants m'ont traité de prostituée sûrement parce que « j'encule » leur rachitisme intellectuel.

Les admirateurs quant à eux ont très souvent un caractère assez commun à la gente masculine. Pour ces derniers, une femme « différente » comme on me dit l'être, est un trophée qu'il leur faille décrocher et posséder. C'est ainsi que certains d'entre eux firent de moi leur « épouse virtuelle », leur « maitresse électronique » et leur « amante imaginaire ». Il devint donc difficile de travailler ou de collaborer avec certains activistes « mâles » qui n'arrivent pas à dissocier leur admiration pour mes idéologies et actions politiques, de leur attirance physique et « sexuelle ». Être femme devient ainsi un péché dont je dois supporter les conséquences très souvent psychologiquement et émotionnellement éprouvantes.

3- Je suis égoïste

C'est vrai que je suis égoïste. Mais pas pour les raisons que l'on me signifie. Des personnes m'ont souvent dit que je ne pense pas à mes parents, à ma famille et surtout pas à ma mère. Mes actions, selon leurs dires exposent les miens et les mettent en danger. Ma « pauvre mère » comme on a tendance à designer ma génitrice, à faillit perdre sa vie dans un accident de voiture en se rendant à son village natal situé au Nord-Ouest du Togo à près de 400 km de la capitale Lomé. Suite à son accident, il eut fallu qu'on la ramène à la capitale afin de lui administrer des soins. Si par malheur cet accident avait été plus grave, elle n'aurait pas survécu à cette évacuation réalisée dans les conditions les plus précaires que l'on puisse imaginer avec des routes rocailleuses et des escaliers géants.

J'ignorais jusqu'à lors que c'est parce que je lutte pour un état de droit, pour une meilleure gouvernance et pour que tous les togolais puissent vivre décemment et ne meurent plus pour des raisons banales, que les routes des villes intérieures ne sont pas pavées ni électrifiées, causant des nombreux accidents graves et qu'il n'y a pas de centre hospitalier digne de ce nom au Nord du Togo pour soigner ma mère après son accident. J'ignorais aussi que c'est parce que Farida dit « Faure Must Go » qu'il n'y a plus d'eau dans les centres hospitaliers du Togo, que les puisards n'y ont pas été vidés au point ou les médecins ne sont plus en mesure de faire des interventions chirurgicales, que les salles d'hospitalisation sont des nids de mouches et de moustiques, que les radios et les scanners ne fonctionnent pas, que les étagères des pharmacies publiques servent de logements aux toiles d'araignées et qu'en ce 21ème siècle, les diabétiques se font tuer par injection de sérum glucosé dans les centres médicaux.

J'ignorais que c'est en réclamant une meilleure gestion de mon pays que j'expose mes parents aux maladies curables mais incurables au Togo, aux accidents de routes évitables mais fatals au Togo, aux épidémies, aux non-paiements des salaires et pensions, aux abus des forces du « désordre », et bien d'autres choses qui tuent plus les togolais que les balles du régime au pouvoir.

Et c'est grâce à ceux qui me traitent d'égoïste que je réalise que mon engagement politique est beaucoup plus risqué que l'ultra sous-développement dans lequel vivent « mes chers parents ». Les délestages fréquents au Togo ont-ils court-circuité la cervelle de certaines personnes ? Reste à savoir…

4- Je suis à l'étranger

« Il est bien beau de rester à l'étranger et de dire Faure Must Go » entends-je souvent. Il aurait peut-être été préférable que je sois au Togo avant de lancer cet appel à la résistance contre un régime imposteur et despotique mais ce n'est pas une condition sine qua none pour mener mon combat. Beaucoup de personnes m'ont prouvé d'une manière ou d'une autre qu'ils ont gaspillé les ressources de l'état en allant à l'école car à part lire sans forcément comprendre et écrire sans forcément réfléchir, ils ne retiennent rien des leçons apprises sur les bancs d'école. Quand nous apprenons l'histoire, ça n'est pas pour la bûcher et la recopier sur une feuille d'examen afin de s'assurer une place parmi les admissibles au BAC. Nous apprenons l'histoire pour tirer des leçons d'elle, pour comprendre notre présent afin de mieux construire notre avenir. L'histoire est supposée nous inspirer, nous orienter et nous renforcer.

En classe de 3ème comme en Terminale (au Togo), nous avions étudié la deuxième guerre mondiale et avions tous appris que le General De Gaulle dans un discours prononcé sur la chaîne anglaise BBC à Londres, le 18 Juin 1940, a lancé un appel à la résistance du peuple français. Ce dernier n'eut pas besoin d'être en France, encore moins à Paris pour le faire.

Alors, que les mauvais élèves de l'histoire retournent lire leurs cours avant de sortir des balourdises comme quoi il me faut être obligatoirement à Lomé avant de prétendre lutter contre le régime au pouvoir. Je n'ai pas besoin d'être à Lomé pour commencer la lutte, ou appeler le peuple togolais à résister. Et ne pas être physiquement à Lomé à cet instant T ne veut ni dire que je n'y serai jamais, ni dire que je suis poltronne. Aujourd'hui nous vivons dans un monde numérique où l'on peut faire chambouler la politique d'un pays et affaiblir un régime avec les informations que l'on poste sur internet. Edward Snowden qui est aujourd'hui le citoyen américain le plus recherché, a bousculé les relations politiques et diplomatiques entre Les Etats-Unis et ses alliés, grâce aux informations qu'il a postées sur internet révélant la manière dont son gouvernement espionne le monde entier[2]. Lui seul, grâce à internet a réussi depuis son exile, à détruire la confiance qui existait entre le peuple américain et son gouvernement et à mettre le président Barack Obama dans la situation la plus embarrassante depuis son accession au pouvoir en 2009. Grâce à la technologie et plus précisément à l'internet, l'on n'a plus forcément besoin de se trouver en un lieu donné pour y mener des actions.

---

[2](Le Monde 2013)

En outre, il est vraiment naïf de penser que l'on est plus à l'abri des violences et des attaques du régime que l'on combat tout simplement parce que l'on vit à l'étranger. Vivre en dehors du pays permet aux camps adverses d'éliminer plus facilement leurs ennemis sans en porter la responsabilité directe. Combien d'activistes et de politiciens africains n'ont-ils pas été assassinés à l'étranger par empoisonnement ou par accidents mystérieux de la circulation ? Le cas le plus récent fut celui de l'illustre journaliste camerounais Pius Njawé qui fut tué le 12 Juillet 2010 dans un prétendu accident de route à Washington D.C alors qu'il y était pour une conférence[3].

Vivre à « l'étranger » est pour moi une trajectoire ; pas une destination. Ceci n'ôte rien à mon engagement et ne rajoute pas grand-chose à ma sécurité.

5- Je ne me concentre pas sur mes études.

---

[3](Bernstein 2010)

A ces derniers, je suis reconnaissante car ils souhaitent que je mette mes études avant tout sachant que c'est l'une des choses les plus importantes pour toute personne. Il est vrai que ma mission principale aux Etats-Unis est d'y poursuivre mes études universitaires et depuis mon arrivée aux USA je n'y ai pas failli à ma mission malgré les difficultés qui se sont présentées à moi. Je ne suis pas la meilleure de ma promotion certes, mais j'occupe honorablement une place parmi les moins paresseux dans mon école. Ceci dit, je n'oublie pas ma mission principale dans le pays de l'Oncle Sam et je fais de mon mieux pour assumer pleinement cette responsabilité. Cependant, cela ne m'empêche en aucun cas de mener ma lutte politique : bien au contraire. J'étudie les relations internationales et la plupart de mes courts sont politiques. Ce que j'apprends en classe, au cours de mes recherches, des séminaires et formations auxquels je participe dans le domaine académique, je m'en sers pour solidifier mes actions. Il est donc erroné de penser que mes études sont dissociables de mon engagement politique. Bien au contraire, les deux sont intrinsèquement liés. Me demander d'attendre la fin de mes études avant de m'engager dans ce combat est comme demander à un apprenti menuisier de finir sa formation avant de toucher au bois. Sans le bois, il ne peut y avoir de formation réelle pour ce menuisier tout comme sans mon activisme, mon éducation universitaire serait incomplète. L'une des plus grandes fiertés de mon université (American University), est d'avoir été classée en 2011 par le *Princeton Review* comme ayant les étudiants les plus politiquement actifs des Etats-Unis. Et ces étudiants, c'est mes camarades et moi qui militons activement pour la justice dans le monde. Cette université a renforcé dans tous les sens, mon engagement pour un Togo et une Afrique souveraine, juste et prospère. La plupart des personnes ayant révolutionné le monde étaient engagées sur les bancs universitaires et la majeure partie des révolutions ont été enclenchées par des étudiants. « L'école d'abord, la politique après » est une assertion erronée car sans politique il n'y a pas d'école et sans école il n'y a pas de politique.

6- Pourquoi Faure Gnassingbé : il n'est pas le principal problème ?

Belle remarque et très belle question. Faure Gnassingbé n'est pas le véritable et unique problème du Togo. Mais Il incarne en sa personne le système qui affaiblit le Togo, le détruit, le pille et l'assujettit. Faure Gnassingbé est un emblème et Faure Must Go est un slogan. Dire que Faure doit partir, c'est s'attaquer à la chaîne d'oppression à laquelle appartient Faure Gnassingbé de la même manière que quand une personne dit : « La terre de nos aïeux doit tomber », c'est déclarer la guerre à tout le peuple togolais.

Dire que Faure doit partir, c'est chercher le départ de tous ceux et celles qui par le biais de Faure Gnassingbé oppriment et exploitent le peuple togolais. Je n'ai rien contre la personne humaine de Faure Gnassingbé mais j'ai tout contre sa représentation politique. J'ai horreur des choses qu'il incarne tel que le viol des droits fondamentaux humains, la corruption, le détournement et la dilapidation des fonds publiques, la torture, la dépravation morale et surtout le néolibéralisme et le néocolonialisme. Je m'attaque à ces choses à travers l'image de Faure Gnassingbé qui est le logo de la souffrance du peuple togolais. Et Faure Must Go est pour moi le slogan de cette liberté pour laquelle je milite : la devise de mon engagement.

7- N'ai-je pas peur?

La peur ! Dire que non serait pure hypocrisie. Si, j'ai peur. Cependant, ma peur n'est pas de me faire tuer par le régime au pouvoir mais plutôt de vieillir sous ce régime, de faire des enfants et de les voir grandir dans un monde aussi vicieux, malsain, injuste et dégoutant. J'ai peur pour mon futur ainsi que celui de mes futurs enfants car aussi « dure » et « rude » que je puisse paraître, j'adore les enfants et suis révoltée de voir ceux des autres souffrir de la méchanceté des uns et de l'indifférence des autres face à tant de bestialités. J'ai aussi peur de vieillir dans la peur comme mes aînés et finalement j'ai peur de gaspiller ma vie à avoir peur. Ceci étant, je ne peux donc pas rester passive et voir continuer ce film d'horreur qui se joue au Togo depuis plus de 50 ans. Je veux vivre sans remords. Sans le remord de n'avoir pas agi contre les forces du mal, sans le remord d'avoir permis la continuité de l'injustice ; sans le remord d'avoir condamné les générations futures à naître, à vivre et à mourir esclaves. Ma peur est bien légitime mais elle ne me paralyse pas.

Voici donc 7 critiques et questions que je reçois le plus souvent depuis que je suis engagée dans cette lutte contre l'oppression du peuple africain en général et togolais en particulier. Chaque critique me renforce, chaque insulte me vivifie et chaque question m'ouvre plus les yeux et l'esprit. Mais au-delà de ces aspects négativement positifs, ce qui me donne la force et le courage de continuer, c'est les quelques centaines de messages que je reçois de personnes anonymes comme connues qui me disent qu'elles ont foi en moi et que ma lutte les inspire énormément. Pour ne pas décevoir ces personnes, je me remets toujours des calomnies, blessures, menaces, intimidations, et harcèlements, car le soutien, l'estime et l'amour qu'ils me portent me donnent la force, et le courage dont j'ai besoin pour mener ce combat.

Je suis Farida Nabourema et je suis la fille, la sœur, la nièce, la cousine et l'amie de certains. Mais pour d'autres, je suis cette femme étrange, radicale, imbue de sa personne, hautaine, effrontée et comme l'a si bien dit l'ambassadeur du Togo aux Etats-Unis Kadangha Bariki, lunatique et même pas togolaise.

Mais pour moi, je suis cette fille qui est fière de ce qu'elle est et de ce qu'elle fait. Et ni personne, ni rien n'abrogera mes convictions et ma détermination.

II

LE CHANGEMENT C'EST QUAND ?

« *Nous devons nous engager à fond dans la voie du changement* ». Jacques Chaban-Delmas

La longévité d'un régime oppressif influence souvent l'attitude des opprimés vis-à-vis de celui-ci. De nombreuses personnes, notamment les compatriotes togolais avec qui j'ai eu à discuter de la nécessité de combattre le régime dictatorial au pouvoir depuis des décennies, m'ont fait savoir que le régime est trop enraciné pour tomber parce que durant les décennies passées au pouvoir, les dirigeants ont acquis d'énormes richesses et ont établi des relations politiques qui voueront toutes tentatives de leur renversement à l'échec. Pour les plus jeunes dans le cas du Togo, le fait que le régime soit au pouvoir avant même leur naissance le légitime en quelque sorte car ils n'ont connu que celui-ci et ne pensent pas pouvoir obtenir mieux. Comme quoi, l'oppression et la dictature sont devenues partie intégrante de la culture et essayer de changer l'ordre des choses semble être une folie.

Le premier problème que je soulève dans cette conclusion fataliste est la situation dans le temps de la lutte contre l'oppression et le deuxième est le fait de voir la chute d'un régime despotique comme étant une fin en soi. Certains togolais expliquent leur passivité face au régime dictatorial par l'argument selon lequel la lutte contre l'oppression et la domination au Togo a commencé depuis 1990 avec la conférence nationale ; d'autres pensent qu'elle a commencé en 1967 quand Gnassingbé Eyadema a pris le pouvoir après avoir renversé Nicolas Grunitzky dans un coup d'état et enfin, pour d'autres encore, le combat aurait débuté en 1963 suite à l'assassinat du président Sylvanus Olympio dans un coup d'état orchestré par des anciens combattants de l'armée française dont le Sergent Gnassingbé Eyadema. La réalité est que depuis le temps de nos ancêtres, il a existé des groupes de personnes qui dominaient et opprimaient d'autres et il a toujours fallu que des sacrifices soient faits par les opprimés pour se libérer du joug de leurs oppresseurs. Quand nous prenons le cas du Togo par exemple, en l'occurrence des peuples Ewé de Notsè, l'histoire nous apprend qu'au 17ème siècle, a régné un roi du nom d'Agokoli qui aurait été un grand tyran dont la cruauté aurait causé la fuite de nombreux de ses administrés[4].

Par ailleurs, nul n'est sans savoir que durant la colonisation française, de nombreuses populations ont été réduites à l'esclavage bien qu'officiellement le terme « travaux forcés »[5] était utilisé puisque l'esclavage était légalement aboli dans la plupart des pays européens en l'occurrence la France. Durant la colonisation, les peuples africains se faisaient torturer voire tuer quand ils refusaient de se plier sous les ordres des colonisateurs. Mais après un siècle de colonisation (dans le cas du Togo), les colonisés ont réussi à se libérer de la domination, de l'exploitation et de l'oppression de leurs oppresseurs. Ceci pour dire que la situation politique

---

[4](Afan 2001)
[5](Fall 1993)

actuelle que traverse le Togo n'est pas une exclusivité ni dans son histoire ni dans celle de l'Afrique ou encore celle du monde. Il y a eu, et y aura toujours des situations politiques au cours desquelles les uns exploiteront, abuseront et domineront ou essayeront d'exploiter, d'abuser et de dominer les autres. L'on doit alors comprendre que la liberté est un processus et un idéal auquel il faut constamment aspirer et pour lequel il faut inlassablement se battre. Il n'y a rien de tel qu'une liberté acquise ou une oppression invariable.

Par ailleurs, quand nous prenons l'exemple des Etats-Unis d'Amérique qui se considèrent comme étant une nation libre, il y a toujours des injustices et des inégalités socio-politiques, économiques et raciales contre lesquelles les victimes se battent encore aujourd'hui. Aux USA, il n'eut pas suffi que le Congrès eut voté le 13ème amendement de la Constitution Américaine abolissant l'esclavage en 1865[6], pour que les Afro-Américains deviennent des citoyens à part entière, libres, jouissant des mêmes droits que les Blancs. Il a fallu que d'énormes sacrifices eurent été faits, qu'une

---

[6](Congress of the United States of America n.d.)

résistance farouche contre l'oppression des « Noirs » fut entreprise dès les premières heures de l'abolition de l'esclavage par des abolitionnistes comme Frederick Douglas vers la fin des années 1800 jusqu'à l'assassinat de Malcom X en 1965 et de Martin Luther King en 1968 en passant par l'adoption du « *Civil Rights Act* » en 1964, pour que les Afro-Américains ainsi que d'autres groupes ethniques minoritaires aient les mêmes droits légaux que les Blancs[7]. Cependant, la lutte des Afro-Américains pour une égalité raciale ne s'est pas arrêtée là non plus. Ils ont continué à lutter pour leur liberté et leur dignité. Ils se faisaient arrêter, torturer, tuer mais n'avaient jamais baissé les bras sous prétexte que le système oppressif existait bien avant leur naissance. Aujourd'hui, des Afro-Américains se battent toujours pour réduire la pauvreté au sein de leur communauté et pour détruire les stéréotypes liés à la peau noire qui font qu'en 2012, des enfants comme Trayvon Martin sont tués tout simplement parce qu'ils étaient Noirs. Quand on jette un regard sur les millions d'américains en particuliers des Afro-Américains qui se sont mobilisés pour exiger

---

[7](Congress of the United States of America 1964)

l'inculpation et la condamnation de George Zimmerman,(l'agent de sécurité qui a abattu le jeune Trayvon Martin de 17 ans alors que ce dernier rentrait chez lui après avoir fait des achats au supermarché de son quartier)[8], il est clair que les Américains n'ont pas fini de se battre pour leur dignité, droits et liberté . Si depuis plus de 600 ans (du début de la traite négrière à nos jours), les Noirs ne jouissent toujours pas des mêmes droits et avantages que les Blancs aux Etats-Unis mais que cela n'a en rien démotivé leur élan vers la liberté et l'égalité, l'on devrait avoir honte de baisser les bras de sitôt au Togo.

Comme autre exemple prenons le cas de l'Espagne. Elle fut l'une des plus grandes puissances coloniales en Afrique et en Amérique du Sud mais elle a été elle-même colonisée par les Arabes musulmans pendant plus de 500 ans[9]. Les Espagnols autochtones ont fini par chasser les colonisateurs arabes vers la fin du 15ème siècle et ont construit une nation souveraine qui est devenue elle-même une puissance colonisatrice. Par ailleurs, nous avons aussi le cas des Amérindiens dits

---

[8](Botelho 2012)
[9](Marles 2004)

« indigènes » de la Bolivie dans le Sud des Amériques. Ils ont d'abord été colonisés par les Espagnols durant trois siècles, ont été ensuite dominés par les descendants de leurs ex-colonisateurs pendant une douzaine de décennies, ont subi les injustices et les abus des classes dominantes avant de réussir à installer au pouvoir en 2006, Evo Morales qui est le premier président « indigène » de la Bolivie après 122 ans d'indépendance[10] et 300 ans de colonisation. Plus loin, au Yémen, le groupe politico-religieux « imamat Zaydite », appartenant à l'école de pensée islamique chiite dont les membres se réclamaient comme étant les descendants directes du prophète Mahomet, bien qu'étant le groupe minoritaire a dominé le groupe majoritaire sunnite pendant plus de 1000 ans jusqu'à la révolution populaire de 1962 qui a mis fin à leur règne[11].

Les exemples de peuples qui se sont vu assujettir et opprimer durant des siècles mais ont fini par se libérer de la domination de leurs oppresseurs sont légions. Et les 50 ans d'existence du régime des Gnassingbé père et fils sont singuliers vis à vis des 500 ans de domination

---

[10](Global Edge n.d.)
[11](Bernin 2009)

qu'ont connu les Espagnols avec les Arabes ou des 600 ans que connaissent les Afro-Américains avec la classe dominante caucasienne aux Etats-Unis.

Cependant, à supposer que ces 50 années sont trop longues, la réaction qui devrait découler de cette longévité est le ras-le-bol et non l'abdication. Je constate que l'on manque de poser les bonnes questions et par conséquent, l'on trouve les fausses solutions aux vrais problèmes. À mes compatriotes Togolais qui hésitent à combattre le régime oppressif parce que celui-ci serait au pouvoir depuis trop longtemps, je demande s'ils désirent sincèrement le changement. Et la réponse est souvent « Oui ». Ils veulent le changement mais pensent à tort qu'un régime vieux de 50 ans est invincible. Ce qu'ils ne réalisent pas est que les régimes politiques, tout comme la majorité des choses sur terre, s'usent avec le temps. Aujourd'hui, Il serait donc plus facile pour les jeunes de faire tomber le régime qu'il ne l'aurait été pour les générations antérieures, car avec le temps, le régime perd des ressources qui lui sont vitales et fait face à des pressions extérieures qui font qu'une petite bousculade interne peut causer son effondrement. En outre, les avancées technologiques offrent aux nouvelles générations des outils qui facilitent leurs actions politiques. Il est donc nécessaire que chaque citoyen qui juge la dirigeante du régime des Gnassingbé néfaste, se révolte.

D'aucuns, par ailleurs, pensent qu'il suffira que le régime des Gnassingbé tombe pour que le Togo soit à jamais libéré de toute oppression, de toute injustice sociale, de toute corruption, de tout népotisme, bref, de tous les maux dont il souffre. Allo la terre ! La fin d'un régime oppressif ne garantit en rien la fin de l'oppression. Les Gnassingbé peuvent tomber aujourd'hui et être remplacés par un régime bien pire demain. Il faut comprendre le sens de la lutte contre l'oppression comme étant un processus et un engagement perpétuel car il est plus difficile de maintenir la liberté que de l'acquérir. Celle-ci se nourrit de la vigilance, de l'union, du courage, et du sacrifice collectif du peuple. La liberté est une amante délicate et possessive qui s'en va quand elle est négligée, bafouée ou prise pour acquise par ceux-là même qui l'ont courtisée et conquise. Nous devons faire de la liberté un idéal à poursuivre et une richesse à préserver. Aujourd'hui au Togo, nous avons la liberté de choisir le nom que nous voulons donner à nos enfants sans aucune restriction contrairement à nos parents qui dans les années 80 devaient éviter les noms dits « importés ». Ceci est une liberté que nous devons entretenir et préserver. En outre, nous n'avons toujours pas la liberté de contredire nos dirigeants politiques, ceci est une liberté que nous devons poursuivre. Et y arriver passe par la naissance, au sein de notre société, d'une éthique politique basée sur le respect d'autrui, de ses choix et de ses biens, la justice, le patriotisme, le sens du sacrifice, la tolérance et la non-violence. Et cette tolérance et non-violence ne sont pas à confondre avec le stoïcisme et le pacifisme qui eux consistent à tolérer dans bien de cas, les abus des personnes ou systèmes oppressifs.

Aussi, la lutte pour l'avènement d'une véritable démocratie et la suppression de l'oppression ne se limite pas à faire tomber le régime totalitaire au pouvoir mais aussi, à implanter des mécanismes qui empêcheront à n'importe quel autre système oppressif de s'établir. Il est donc clair que cette lutte ne s'inscrit pas dans le temps et encore moins dans l'espace. Nous jouissons aujourd'hui d'une nationalité qui fut obtenue grâce aux efforts fournis par nos parents et grands-parents qui ont su arracher à la France, l'indépendance politique du Togo. Nombreux de nos ainés qui ont lutté pour les indépendances du Togo n'ont même pas eu la chance d'humer l'air frais de ce changement socio-politique pour lequel ils ont sacrifié fortune, énergie, santé, et vie. Augustino Pa de Souza qui fut l'un des pionniers des indépendances du Togo est décédé le 26 Avril, à la veille de la proclamation de l'Indépendance du Togo le 27 Avril 1960. Notre génération doit aussi jouer sa partition pour offrir aux générations à venir des conditions de vie moins pénibles que les nôtres. Sans quoi, nous aurons trahi aussi bien nos ancêtres qui se sont sacrifiés pour nous, que ceux-là dont nous serons les ancêtres à l'avenir et qui risqueraient de nous mépriser si notre vie n'a servi qu'à empirer d'avance la leur de par notre indifférence face à l'oppression.

S'il n'y avait pas eu de Toussaint Louverture, il n'y aurait peut-être pas eu de Marcus Garvey. S'il n'y avait pas eu de Marcus Garvey, il n'y aurait peut-être pas eu de Kwame N'krumah, et s'il n'y avait pas eu de Kwame N'krumah, il n'y aurait peut-être pas eu de Thomas Sankara. Les œuvres des grands hommes qui ont combattu l'oppression pour libérer leur peuple dans une partie du monde en un temps donné, ont inspiré d'autres personnes et ont contribué à la libération d'autres peuples dans d'autres parties du monde en d'autres temps. Notre combat, doit s'inscrire dans cette lignée.

Nous devons combattre l'oppression au Togo et partout en Afrique afin que dans les siècles et millénaires à venir, d'autres peuples puissent s'inspirer de notre histoire et de notre combat pour se libérer aussi de leur asservissement. 50 ans, ne doivent pas être le milliardième du nombre d'années au cours desquelles notre lutte contre l'oppression devrait inspirer d'autres peuples à se battre aussi pour leur liberté.

III

UNE PEUR ROUGE

« Si nombre de gens ont peur de la mort, la mort
ne craint personne » Pierre Dac

Au feu, au feu, au feu. Le grand marché brûle. Et les
secouristes imperturbables arrivèrent deux heures plus
tard quand le troisième étage avait fini de calciner et le
deuxième l'était à moitié. Ce sont des années de durs
labeurs, d'économies et de sacrifices qui consumaient
ainsi sous le regard impuissant du peuple et de ses
administrateurs.

    Ah mais de quels administrateurs parlent-on ?
Pas de ceux qui sont au sommet bien évidemment car on
ne perturbe pas le sommeil des rois. Il était minuit passé
et le ministre de la sécurité et de la protection civile
ronflait allègrement quand le centre commercial brûlait :
le poumon économique du pays ; le lieu de travail d'une

dizaine de milliers de personnes. Le ministre était surement en compagnie de sa maîtresse de service ce samedi nuit. Les administrateurs d'incendies (à moins qu'ils ne méritent d'être appelés sapeurs-pompiers) quant à eux étaient moins indifférents face à ce désastre qui se produisait sous leurs yeux. Ils auraient bien voulu faire quelque chose mais ils devaient d'abord cotiser pour acheter du carburant avant de se rendre sur les lieux ; raison pour laquelle ils sont arrivés deux heures après que le peuple leur ait fait appel. Ils sont venus avec tout ce qu'il fallait pour éteindre l'incendie à savoir leurs dents, leurs yeux, leurs oreilles, leurs bras et leurs jambes. Pour bien accomplir leurs tâches, ils ont pris soin de laisser à leur station, les équipements inutiles tels que les échelles, les pompes à eau, les tuyaux d'arrosage et surtout l'eau. Il ne fallait quand même pas surcharger les tanks du camion avec de l'eau. Le grand marché n'étant pas trop loin de la plage et ils peuvent très bien s'approvisionner en sable pour contenir l'incendie ont-ils peut-être pensé. Malheureusement, ils se sont rendu compte qu'ils auront quand même besoin d'eau. Mais où la trouver ? Toutes les pompes étaient sèches. Dans une ville d'1 million 500 mille habitants, il était impossible de trouver de l'eau pour éteindre un incendie dans un bâtiment de trois étages.

En bon africains, il fallait donc demander l'aide des voisins. Les voisins en Afrique sont réputés pour leur hospitalité et soutien en situation de détresse. On fit donc appel au Blacks Stars. Les pompiers voisins débarquèrent expressément à la frontière mais ils ne pouvaient pas la franchir. Ce n'est pas parce que le grand marché brûlait qu'il fallait jeter les protocoles sécuritaires à la poubelle ! Vu que ceux-ci étaient des secouristes, on ne les fit trainer que 3 heures car d'habitude ça prend 5 heures voire plus quand on n'a pas un 1000F à glisser dans les poches de l'agent de garde. Après 8 heures de lutte acharnée contre les flammes et sous les cris et encouragements de la foule, les Black Stars vinrent à bout de l'incendie. D'habitude le peuple soutient toujours les éperviers contre les Blacks Stars quand il y a match de football entre les deux équipes. Cette fois ce fut tout le contraire et les éperviers ont échappé de justesse au lynchage.

Les grands administrateurs débarquèrent au petit matin après une douce et langoureuse grâce matinée accompagnés de leurs griots de la Très Vilaine Télévision. Mais le peuple leur avait réservé l'accueil qu'ils méritaient : ils furent hués sans ménagement. La colère, la déception, la tristesse et la haine s'étaient conciliées dans le cœur du peuple qui était dans une furie incommensurable. De nombreuses mamans, tout comme leurs marchandises sont parties à jamais ce jour-là. Leur cœur n'a pas pu résister à la nouvelle de leur ruine. Elles avaient tout perdu. Des années de souffrance, de sacrifices, d'économies, de crédits ; elles n'avaient plus rien. Qui nourrira et vêtira leurs enfants ? Qui les soignera et les scolarisera ? Elles étaient les piliers de leurs familles et sans elles, il n'y a plus de famille.

Qu'en est-il des autres zouaves ? Ceux-là qu'on habille en uniforme bleu dont la fonction est de mâter et de tirer sur quiconque manifeste son ras-le bol. Personne ne les avait vu aider les Black Stars à éteindre le feu mais les voilà en train d'en rallumer d'autres avec leurs gaz lacrymogènes. Ils en rajoutèrent aux courroux du peuple. "Notre gouvernement n'a pas d'eau pour éteindre les incendies, mais il dispose de gaz lacrymogènes pour réprimer les personnes qui manifestent contre son incompétence"; scande le peuple dans sa colère. Malheureusement, cette colère meurt toujours trop tôt.

* * * * *

Plus de 5000 accidents de route, plus de 6000 blessés et près d'un millier de morts en une année, annonce le ministre de la sécurité et de la protection civile. Les routes du pays sont hantées par l'esprit de la mort. Chaque année, un citoyen perd un proche dans un accident de la circulation. On blâme toujours les conducteurs de taxis-motos. Et d'ailleurs ce sont eux qui périssent le plus. Ils tombent comme des mouches et leurs cranes s'ouvrent très facilement comme l'utérus dilaté d'une femme enceinte en travail. Ils sont trop pressés, leur reproche-t-on. Toujours à la recherche de nouveaux clients et prêts à se faufiler entre les camions. Ils sont très inconscients ces jeunes conducteurs, les accuse-t-on. Et oui ! Ils ne peuvent qu'être inconscients. Inconscients d'être des diplômés universitaires qui n'arrivent pas à se trouver la simple fonction de concierge. Inconscients d'avoir des parents au village qui comptent sur eux pour manger la viande le jour du nouvel an. Inconscients de ne pas pouvoir payer leur loyer ainsi que le propriétaire de la moto s'ils ne remorquent pas au moins deux douzaines de passagers chaque jour. Inconscients de n'avoir qu'un repas par jour à offrir à leurs enfants qui chaque matin, se rendent à l'école le ventre vide. Ils sont inconscients d'être conscients de leur misère. D'ailleurs, c'est cette inconscience qui les tue et avec inconscience on les enterre. Le comble est qu'ils sont 100,000 à circuler dans une ville d'1million 500 milles habitants. On peut donc déduire qu'au moins 1 citoyen sur 15 est inconscient dans cette ville qui porte un nom : la cité de l'inconscience.

* * * * *

Elle souffre la petite maman. Cela fait 18 heures qu'elle est en travail. Elle n'en peut vraiment plus de ces contractions ; elle sent ses muscles lâcher et la fin approcher. Exaspérée, elle rassembla le peu d'énergie qui lui restait et se mit à hurler si fort qu'on pouvait l'entendre de l'autre bout de la salle. Puis elle se tut. À un moment, elle avait cru que les infirmières et sages-femmes seraient sensibles à ses gémissements. Ces dernières ont refusé de l'assister parce qu'elle n'avait pas de quoi payer les gangs, les pansements, l'alcool, l'eau, le talc, et autres articles dont elles auraient besoin pour son accouchement. Et pourtant ce sont des femmes comme elle. Certaines étaient suffisamment âgées pour être mères voire grand-mères. Comment peuvent-elles la traiter ainsi parce qu'elle n'avait pas d'argent ? Dans le silence de sa fatigue, elle se posait mille et une question. Pourquoi est-elle si malchanceuse ? D'abord, c'est son copain qui a refusé de reconnaître sa grossesse, ensuite c'est son père qui l'a chassé de la maison pour avoir jeté l'opprobre sur la famille. Elle a dû travailler comme colporteuse au grand marché pour se nourrir ces six derniers mois. Elle dormait devant les magasins et deux fois, elle a été violée par des jeunes dockers. Hier soir, quand elle sentit que son bébé était prêt à venir au monde, elle débarqua dans cet hôpital. Mais le personnel a refusé de l'assister car elle était pauvre et ne connaissait personne qui puisse intervenir en sa faveur.

Pourquoi moi ? Se demanda-t-elle une dernière fois. Il n'y aura jamais de réponses à ses questions parce que son cœur s'est arrêté de battre.

*****

Cette année scolaire, ils en ont perdu quatorze. Et l'an dernier fut pire car une bonne vingtaine s'en était allée. D'aucuns étaient emportés par les maladies : accidents vasculaires cérébraux, complications du diabète, neuro-paludisme, embolie pulmonaire, cancer du sein ou de la prostate, crises cardiaques, insuffisances respiratoires ou rénales, drépanocytose etc. D'autres mourraient brusquement dans des accidents de route ou dans leur sommeil. Ils étaient tous des universitaires, des hommes et femmes brillants qui formaient les jeunes intellectuels de la nation.

Très souvent l'on entend parler des étudiants qui doivent être en classe à 4 heures pour suivre un cours débutant à 7 heures car l'agora qui est supposé abriter 300 étudiants est attribuée à 700. On voit des étudiants manifester pour réclamer leurs misérables aides financières grâce auxquelles ils vivent en dessous du seuil de la pauvreté. Mais l'on n'entend jamais râler les professeurs d'université qui agonisent. Des grands intellectuels qui malgré leurs nombreux diplômes et titres ne sont pas suffisamment payés pour vivre décemment. Des professeurs agrégés qui n'ont pas d'assurance maladie et qui ne peuvent pas se payer de l'insuline pour soigner leur diabète. Des mathématiciens chercheurs qui ne peuvent pas s'offrir des dialyses. Des écrivains et professeurs de lettres qui n'ont pas les moyens de faire des bilans médicaux annuels afin de s'assurer que leurs organes fatigués par la misère fonctionnent bien. Et ces « grands cerveaux » meurent chaque année dans le silence et l'indifférence totale.

* * * * *

Dans un pays où près de cinquante enfants sur mille meurent à la naissance, plus de cent enfants sur mille mourront avant leur cinq ans et où plus de la moitié de la population mourra avant l'âge de soixante ans, les gens ont peur de mourir. Dans un pays où chaque jour au moins une personne meurt dans un accident de la circulation faute d'infrastructures routières, d'éducation sur les bonnes conduites routières, du non fonctionnement ou de la non-existence des feux tricolores, du manque d'unité de réponses aux urgences, et à cause de la très haute corruptibilité des policiers qui punissent les violateurs du code de la route par des pots-de-vin, les gens ont peur de mourir. Dans un pays où les diplômes universitaires ne suffisent pas pour sortir de la pauvreté, où plus de la moitié de la population en âge de travailler est sans emploi et où les parents sont incapables de nourrir, soigner et vêtir leurs enfants, les gens ont toujours peur de mourir.

Mais de quelle mort ont-ils peur ? Pas de celle qui les fauchent par milliers annuellement bien entendu. Plutôt, celle des martyrs. Ils préfèrent mourir comme des rats d'églises que de mourir comme des citoyens dignes qui se sont levés pour mettre fin au régime oppressif qui les exploite depuis la nuit des temps. Le peuple a peur de s'insurger contre ceux-là qui pillent ses richesses et vivent dans le luxe quand lui croupit dans la misère. Le peuple a peur de dénoncer le fait que ses dirigeants roulent dans des véhiculent qui valent des milliards de francs quand les routes du pays rongées par les trous et la boue tuent chaque année des milliers d'« inconscients ». Le peuple a peur de chasser ce ministre qui climatise son garage et ses toilettes quand lui n'a pas accès l'électricité afin de permettre à ses enfants d'étudier convenablement la nuit. Le peuple a peur de se révolter contre ce président dont les repas quotidiens coûtent des millions de francs quand ses propres enfants sont sous-alimentés et émaciés. Le peuple a peur de dire non à son exploitation, à sa domination et à son oppression parce qu'il pense que les balles des vingt milles militaires qu'il nourrit, blanchit et véhicule, sont plus dangereuses et plus mortelles que sa misère.

Cette peur s'étend également à cette partie du peuple qui réside à l'étranger et qui pense que si depuis sa terre d'immigration elle ose remettre en cause la gestion calamiteuse des affaires de son pays natal, elle ne pourra jamais y retourner. Alors cette partie du peuple reste silencieuse en se contentant d'envoyer de temps à autres quelques vivres à ceux qui sont restés en « enfer » pour atténuer les flammes de cette pauvreté qui les brûle. Et quand un jour, elle décide de rentrer au bercail, elle meurt en route au cours d'un accident de la circulation, où encore se fait braquer et assassiner par ceux-là que la misère aura transformés en délinquants. Mais il vaut toujours mieux mourir ainsi que de mourir en essayant de détruire ce système qui fait que l'on meurt comme on meurt.

Les conséquences de l'oppression qui se traduisent par la mauvaise gouvernance tuent plus que les balles des oppresseurs. La peur de la mort est une chose légitime et l'on ne peut pas reprocher à un individu d'avoir peur de mourir. Mais il faudrait que cette peur s'étende à cette chose qui tue le plus. Cette chose qui fait que toute une nation n'est pas en mesure d'éteindre un incendie dans un petit immeuble, d'assister une femme enceinte en travail quand elle n'a pas d'argent, et que l'on ne puisse pas travailler pour se prendre en charge, manger à sa faim, boire de l'eau potable et se soigner. Bref, cette chose qui empêche de vivre : l'oppression.

Pour avoir peur de mourir, il faut d'abord vivre.

IV

L'OPPRESSION INTELLECTUELLE

« Celui qui est maître de l'éducation peut changer la face
du monde » Leibniz

À 5 ans, il fit ses premiers pas à l'école du maître pour apprendre à lire et à écrire la langue de celui-ci. Il mémorisera des poèmes écrits spécialement pour lui par le maître qu'il récitera une dizaine de fois par jour sans rien y comprendre. À 10 ans, il apprendra la triste histoire de ses ancêtres, inventée spécialement pour lui par le maître pour susciter en lui la honte des siens. On lui dira que ses ancêtres étaient des esclaves, des êtres faibles, abrutis, sans gloire et sans dignité. Des êtres qui fuyaient leurs villages à la moindre difficulté et que le maître « achetait » et revendait à sa guise. Les plus brillants et les plus puissants de ses ancêtres ont tout aussi fini par se faire arrêter, incarcérer et tuer par le maître. Comme quoi, la puissance du maître est infaillible et jamais personne ne la vaincrait.

À 15 ans, il apprendra l'histoire du maître en ayant déjà en tête que c'est un brave héros indomptable. Il découvrira comment le maître a conquis le monde et dominé tous les peuples du monde grâce à son intelligence inégalable. Il apprendra que c'est le maître qui a inventé et fabriqué tout ce qui existe dans l'univers et sans lui, il vivrait dans la brousse comme un animal. Ses cours de physique, de mathématique et de biologie ne seront que des cours d'histoire des découvertes scientifiques du maître. Il mémorisera les théories algébriques et les propriétés géométriques qui auraient été découvertes par le maître il y a des milliers d'années sans même comprendre leur utilité. Pythagore, Thalès, Ampère, Pasteur, Curie, Archimède, Newton pour ne citer que ceux-là sont ceux qui ont découvert ces choses sans lesquelles sa vie serait plus misérable qu'elle ne l'est déjà. Ah ! Comme il est fier de connaître ces formules

magiques du maître. « Dieu est grand, mais le blanc »
n'est pas petit ! S'exclame-t-il émerveillé !

À 18 ans, il sera exposé à la « sagesse » du maître.
Il apprendra l'art de penser, de réfléchir, de raisonner
que seul le maître connaît. On lui dira que le maître a
inventé cet art il y a des milliers et des milliers d'années
dans un pays appelé la Grèce. Cet art qui s'appelle la
philosophie est exclusivement réservé à ceux qui ont la
capacité de différencier la nature de la culture, la
conscience de l'inconscience et qui peuvent expliquer si
oui ou non les animaux ont un langage. Cette épreuve
est difficile mais le jeune opprimé la réussira à force de
mémoriser chaque jour, vingt citations de ces génies de
la sagesse. Il adore Socrate, non Aristote, plutôt Platon,
de toutes les façons, ils racontent tous des choses
difficiles à comprendre ! Il apprendra à prononcer les
noms compliqués de ses nouveaux maîtres à penser et à
chaque fois qu'on lui posera une question, il répondra
par « Socrate a dit que », « Aristote pense que » car
dorénavant, lui-même n'a plus le pouvoir de penser ce
qu'il dit ou de dire ce qu'il pense. Et parmi les siens, il se
vantera d'avoir réussi brillamment au (BAC). À présent,

il est assez mature pour voter ; oups ! Pour élire son contremaître.

À 20 ans, s'il est chanceux, il ira à l'université. Il aurait souhaité être admis à l'école des ingénieurs mais malheureusement le maître n'admet qu'une trentaine d'étudiants par année dans cette école où l'on enseigne comment réparer les machines du maître. Il optera alors pour l'économie et les finances car cela lui permettra peut-être un jour de gérer les avoirs du maître. Il sera introduit à la micro et la macroéconomie et là on lui apprendra les avantages du capitalisme, du néolibéralisme et du mercantilisme.

À 25 ans, si ses parents connaissent quelqu'un qui connait quelqu'un qui connait un contremaître, il pendra fonction comme cadre au ministère de l'économie et des finances. Il fera partie de ces gens qui prendront les décisions les plus importantes du pays. Il deviendra l'avocat de la privatisation des entreprises publiques, l'instigateur des ajustements structuraux et le plus grand défenseur du droit à la pauvreté et en récompense, il aura des billets d'avions gratuits pour participer à des conférences qui se tiennent toujours dans le pays du maître afin de voir ensemble avec le maître, comment mieux assujettir son peuple.

À 30 ans, il aura tellement impressionné le maître de par sa serviabilité irréprochable qu'il sera promu au rang de ministre et s'il continue dans cette bonne voie, qui sait, un jour, à 35 ans peut-être, il deviendra son excellence le Pantin de la République.

* * * * *

Aucun oppresseur ne prend jamais le risque d'offrir à ses sujets une éducation qui permettra à ceux-ci de prendre conscience de leur état d'opprimé. Plutôt, l'oppresseur procède à un « lavage de cerveau » destiné à rendre les opprimés soumis et dociles. Dans plusieurs cas, quelques rares personnes réussissent à échapper à cette aliénation grâce à leur curiosité intellectuelle qui les pousse à chercher le savoir en dehors des structures établies par l'oppresseur. Ce sont généralement ces personnes qui au final jouent au rôle d'éclaireurs et essayent d'attirer l'attention du peuple sur les dangers de cette éducation falsifiée qu'il reçoit. Cependant, il n'est très souvent pas facile aux éclaireurs d'accomplir cette tâche car ils sont, pour la plupart du temps, rejetés par le peuple qui a été formaté à abominer quiconque remet en cause les enseignements de l'oppresseur. L'oppresseur érige les opprimés en gardiens de leur propre soumission et ces derniers voient les éclaireurs comme de gens qui essayent de corrompre leur intellect et de dénigrer leurs « bienfaiteurs ».

On dit souvent que l'éducation est la clef du succès et quiconque fait des études, surtout universitaires doit pouvoir réussir facilement dans la vie. Cependant, dans nombre de pays, les jeunes accumulent des diplômes universitaires sans pouvoir s'en servir pour améliorer leur condition de vie. Ceux qui ont la chance d'échapper au chômage finissent pour la plupart d'une manière ou d'une autre, serviteurs des oppresseurs et leur travail consiste à perpétrer l'oppression de leur peuple. Ni ceux-ci, ni les chômeurs ne sont souvent en mesure de se désaliéner parce qu'ils n'ont pas l'esprit critique et ne sont pas intellectuellement curieux. Ils ont été habitués à lire et à mémoriser uniquement ces ouvrages sélectionnés par les oppresseurs pour garantir leur domination et à rejeter toute information qui provient de sources autres que celles de ces derniers : ils sont tout simplement des opprimés intellectuels. L'oppression intellectuelle est la pire des oppressions car elle dépossède l'opprimé de son esprit critique et analytique, de son intelligence et surtout de sa liberté de penser. Elle est cette forme d'oppression qui garantit à l'oppresseur la longévité de son règne car l'opprimé devient un robot qui ne fait que ce que l'oppresseur lui a programmé à faire. Ainsi, sa manipulation devient facile et sa prise de conscience difficile, quasi-impossible.

Néanmoins, il y a une chose qui finit par conduire l'opprimé à la révolte : sa misère. L'opprimé finit toujours par questionner sa condition de vie quand celle-ci devient trop insupportable. En ce moment, ses instincts naturels lui reviennent et pour une fois, l'animal en lui devient plus intelligent que l'homme en lui. Il s'attaque donc à son oppresseur qui vit dans l'opulence tandis que lui languit dans une impécuniosité qui peut lui coûter son existence. Et quand l'homme redevient animal pour survivre, il devient très dangereux et très féroce : la révolution est souvent très violente.

Le problème avec ce genre de révolution est qu'elle est superficielle et donc éphémère. Cette révolution est souvent une réactivité qui ne dure pas car c'est l'instinct qui parle et non la raison. Alors l'opprimé s'attaque à l'oppresseur pour trouver de quoi survivre et il s'arrête là. Il n'arrive souvent pas à pousser la révolution plus loin en se demandant comment l'oppresseur a réussi à l'embobiner et à l'assujettir au point de mettre sa vie en péril. Il ne se demande pas que faire pour éviter que cela ne se reproduise. L'opprimé se contente du strict minimum pour survivre et ne se débarrasse pas des idées reçues qui au final, permettent à d'autres oppresseurs de prendre le contrôle et cette fois-ci avec plus de ruse et de tact que les précédents. Et le cycle recommence.

Pour se libérer totalement et permanemment d'une quelconque oppression, l'opprimé doit avant tout se désaliéner. Cette désaliénation ne doit pas lui être imposée car il la rejettera. L'on doit exposer l'opprimé à des informations qui d'abord le glorifie et génèrent une certaine fierté et confiance en lui. Il faudrait lui faire comprendre que de tout temps il a été plus fort et plus valeureux que son oppresseur. Ensuite, une fois qu'il a confiance en lui et est fier de lui, de sa culture et de ses racines, il faudrait petit à petit, l'exposer aux manigances de l'oppresseur et lui expliquer les rouages de son oppression. Cette découverte suscitera une réaction qu'il n'a jamais eu : la curiosité intellectuelle ; le désir d'en savoir plus sur son oppression et alors, il commencera à remettre en cause ces informations reçues de l'oppresseur et créera sa propre identité. C'est cette révolution intellectuelle, qui est la vraie révolution car étant la seule qui puisse détruire l'oppression à la source. Pour guérir une maladie, il faut s'attaquer aux causes et non aux symptômes, car celles-ci n'offrent qu'un soulagement provisoire.

Dans la plupart de leurs revendications, les opprimés s'attaquent aux symptômes et non aux causes de leur oppression. Ils réclament plus de liberté politique et économique, ils dénoncent la restriction de leurs libertés, la cherté de la vie, le chômage et toutes ces choses qui ne sont que les branches de cet arbre qu'est l'oppression. On ne peut pourtant pas abattre un arbre en lui coupant les branches. Il faut absolument l'abattre et arracher ses racines qui sont l'aliénation, l'ignorance et le mensonge. Seule la liberté intellectuelle permet de réaliser que l'on n'a pas à réclamer auprès des oppresseurs un pouvoir que l'on détient déjà mais il faudrait tout simplement l'exercer.

En fin de comptes, tous les peuples qui ont fait des révolutions ayant conduit à leurs indépendances politiques et économiques sont susceptibles de retomber dans l'oppression s'ils ne procèdent pas à la révolution intellectuelle qui les débarrassera de tout complexe d'infériorité et de soumission vis-à-vis des oppresseurs.

V

AGRICULTURE OU ABRUTICULTURE

« *L'agriculture, c'est la base de la culture* » *Maurice* Bejart

Ils étaient presque tous des cultivateurs, ou des agriculteurs, ou des paysans. Bon on les appelle comme bon semble mais ils aimaient la terre, la respectaient et la craignaient car ils savaient que leur survie en dépendait. Quand la terre est pauvre, ceux qui la peuplent le sont aussi. Quand la terre est infertile, elle ne peut porter d'enfants, d'êtres qui respirent et qui vivent. Cette terre, ils n'ont jamais cherché à la dompter, à la contrôler ou la dominer. Ils faisaient souvent des sacrifices pour prier les Dieux de la maintenir en bonne santé, de lui garder sa pureté car d'elles ils proviennent et à elles ils retourneront un jour. Dans les entrailles de cette terre reposent leurs ancêtres ainsi que les graines qui feront naître leurs descendants. Ils savaient que sans la terre ils n'étaient rien, ne pouvaient rien et ne valaient rien.

Puis les autres sont arrivés. Les enfants des terres infertiles, les enfants des terres démunies que la faim et la peste ont transformé en aigris, en jaloux et en cupides. Eux vivaient plus de pillages, de destructions, de guerres et pour se faire, eux devaient être rusés, véreux, fumistes, hypocrites, dédaigneux, trop fiers et se faire passer pour des êtres supérieurs. Ils sont arrivés avec leurs métiers et ils diront aux enfants des terres riches que ces derniers vivaient trop misérablement ; qu'ils pratiquaient des métiers sauvages car ils cultivaient la terre pour manger au lieu de faire des raids pour voler, qu'ils étaient des sauvages parce qu'eux ne sont jamais partis dominer d'autres races et n'ont pas eu l'intelligence de découvrir pour « la première fois dans l'histoire de l'humanité » des territoires qui étaient déjà habités par des « peuples inexistants à la peau rouge ». Leur mission était de civiliser ces « sauvages » qui cultivaient la terre : leur apprendre à vivre en bon « gentlemen » et en bonnes « ladies ».

Cependant, seul un groupe pouvait avoir ce privilège. Le groupe des dociles, de ceux qui n'étaient pas trop attachés à leurs terres et à leurs gris-gris. Quant au reste, les affreux incivilisables, eux resteront dans les champs. Néanmoins, par bonté, on leur apprendra à cultiver autre chose, c'est-à-dire ces aliments de luxe qui causent l'insomnie, le diabète et d'autres bonnes maladies. Le café, le cacao et la canne à sucre. Aussi, par gentillesse, il faudrait leur apprendre à aimer la vraie nourriture. La nourriture produite sur les terres infertiles. Ah le blé, le pain ! Ça c'est la bonne nourriture. Du fonio, beurk c'est quoi cette grossièreté ? Il faudrait leur apprendre à manger les spaghettis, les olives, sans oublier ce bon fromage qui pue comme la crotte des vaches.

Les civilisables eux ont par contre plus de chance ; ils apprendront les vrais métiers. Les métiers qui exigent des uniformes bien propres et bien repassés. Garçon, Planton comme ça sonne bon et con. Eux eurent la chance d'apprendre à lire et à écrire les langues des vrais hommes. Certains d'entre eux s'appliquèrent si bien en apprentissage que plus tard ils se vantèrent de pouvoir enseigner ces langues aux enfants des maîtres. D'autres encore eurent le privilège d'apprendre à compter et devinrent des collecteurs d'impôts. Et même si cela ne leur eut apporté que le dédain de leurs paires, cela leur valut l'amour de leurs maîtres et c'est tout ce qui compte d'ailleurs : les gallons, les honneurs et les vivats du maître sont un passeport pour le paradis.

Aujourd'hui les « maîtres civilisateurs » sont partis. Bon du moins ils ont fait semblant de se retirer tout en s'assurant que les civilisés ne se décivilisent pas pendant leurs « vacances ». Et plus d'un demi-siècle après leur départ, les civilisés ont gardé cette « civilisation » car ils ont très bien assimilé les leçons de leurs maîtres. Ils ont compris que le métier de la terre est dégoutant et ils le méprisent passionnément même si cela les fait dépendre des maîtres pour se nourrir. Ils préfèrent les « métiers civilisés » que les maîtres leur ont enseignés. Occuper ces fonctions qu'occupaient leurs maîtres : fonctionnaires, gestionnaires, militaires est un honneur. Qu'ils en sont fiers même dans la misère.

* * * * *

Lui c'est un vétérinaire. Il a beaucoup "lu papiers" à l'école du maître. Après plusieurs années de formation, il a la noble tâche de vacciner les chiots et de castrer les chats des bourgeois. Il pouvait se servir de ses connaissances pour élever des chèvres, des vaches, des poules et pintades et gagner dix fois plus que ce que lui payent les propriétaires de ces chats trop rassasiés pour attraper une souris. Mais quelle abomination ! Un vétérinaire se rabaisser au rang d'un simple éleveur ? Même ses parents en seraient déçus. On ne passe pas de si nombreuses années à l'école du maître pour finir éleveur.

L'autre aussi a un métier raffiné ; il est un ingénieur agronome. Lui aussi, tout comme le castreur de chats, a beaucoup "lu papiers". Ses papiers auraient pu faire de lui le meilleur agriculteur de sa région mais quelle insulte ? Ne plaisantons pas voyons ! Un ingénieur agronome ne peut en aucun cas être comparé à un cultivateur. Vaut mieux encore monnayer son savoir civilisé pour quelques milliers de francs en donnant des cours dans un collège de la place.

Regardez celui qui s'approche, ce véhicule de la honte, cette personnification de l'échec qui après avoir passé des années à lire le papier du maître, dans le pays même du maître, rentre plus sauvage qu'avant son départ. Il s'abaisse au rang de ces paysans en se faisant appeler agro-entrepreneur. Du moins il a conscience du fait que le titre de cultivateur déshonore. Ses papiers lui ont au moins servit à trouver un titre moins sauvage. Et le comble est qu'il se met à cultiver ces produits rétrogrades : les céréales animalières telles que le maïs, le haricot, le sorgho ; à produire des huiles nauséabondes telles que l'huile de palme et de coco quand les civilisés eux consomment de saines comme l'huile de coton et de colza. Par égard pour ses parents, il aurait dû au moins trouver quelque chose de fin à cultiver comme le café, le cacao, l'hévéa mais non ; cultivateur de maïs. La Honte !

Comme c'est bizarre, louche et choquant que ce loseur de cultivateur soit plus en bonne santé, et même plus riche que les civilisés ? À présent on comprend tout. Quelle ruse ? Il doit être un trafiquant de drogue et son agriculture n'est que pure couverture. Il doit surement avoir planté du cannabis au milieu de ses maïs et haricots. Sinon comment expliquer qu'un simple cultivateur puisse posséder des villas, des voitures 4 x 4 toutes neuves, et s'habiller aussi proprement ? Un cultivateur s'habille en haillon. C'est d'ailleurs ce qui a choqué l'officier quand il s'est pointé au poste de police pour s'octroyer une carte d'identité. Le policier ne l'a pas cru quand il lui a dit ce qu'était sa profession. Comment un agriculteur peut-il être si élégant, si articulé et si propre s'est demandé l'officier de police ? Non il fallait regarder la paume de ses mains pour confirmer ses dires. Et voilà ! C'est un gros menteur ! Ses mains ne sont pas rugueuses. Un paysan doit avoir des mains dures et vieillies par les houes et les dabas qu'il tient à longueur de journée. Celui-ci ne peut en aucun cas en être un. Il faudrait l'accompagner dans sa soit distante ferme pour le confirmer.

Non mais quel choc ? C'est vrai en plus. Le policier tout hébété n'en revient pas. Il a vraiment un champ. Et un des plus grands ! Si grand que ses récoltes pourraient nourrir tout son village sur dix ans. Que ça donne du coup envie d'abandonner cet uniforme bleu que depuis tout petit il a rêvé de porter pour devenir aussi un agriculteur ? Mais comment arrive-t-il à cultiver ces centaines d'hectares ? Tiens ! Il utilise des machines. Le maître avait pourtant dit que ces machines sont mauvaises pour nos terres. C'est une infraction !

"Mr l'agriculteur, agro-entrepreneur, cultivateur, tout ce que vous voulez, vous êtes en état d'arrestation pour atteinte à la sureté du sol".

* * * * *

Ce scénario ironique n'est que simple illustration de comment est perçu l'agriculture dans plusieurs sociétés africaines. Au Togo, Il ne m'est jamais arrivé de voir un enfant souhaiter devenir un agriculteur une fois grand. Les garçons veulent être des militaires et les filles des hôtesses de l'air. Les plus confus souhaitent devenir ministre ou président. Les paysans sont regardés avec dédain bien que le ventre de tout le monde repose dans leurs mains. Le plus écœurant est que ces lettrés qui se font appeler intellectuels sont ceux-là même qui méprisent le plus l'agriculture. Ce n'est pas par hasard que dans certains pays africains comme le Togo où plus de 60% de la population cultive la terre, l'agriculture rassemble moins d'1% du budget de l'état. Et plus de la moitié de ce minuscule budget est destinée aux cultures de rente à savoir, le café, le cacao, le coton. Difficile voire impossible aux cultivateurs des produits vivriers de trouver des financements. La majeure partie des paysans utilisent toujours les outils rudimentaires et ont des rendements si pauvres qu'ils trainent le diable par la queue dans cette société ultracapitaliste ou même le bonjour est payant. Les jeunes dans les villages rêvent presque tous de partir. On préfère être docker au port qu'être paysan comme son père. On préfère vivre en ville et dormir devant les magasins à la nuit tombée que dans la case de son grand père. Un proverbe dit "qu'on ne mord pas la main qui nourrit" mais les sociétés africaines mordent les mains qui les nourrissent ; chose qui explique la famine, la sous-alimentation et la misère qui ronge le continent. À qui profite cette balourdise doit-on se demander ? Et bien la réponse est claire comme l'eau de roche : à ces anciens maîtres qui ont encore une fois réussi leur coup de ruse en désintéressant et en éloignant les Africains de ces métiers qui les rendront indépendants, auto-suffisants et prospères afin de profiter eux même des richesses de l'Afrique et de se faire nourrir gratuitement et éternellement par les « pauvres cons ».

Si plus d'intellectuels africains mettaient leur savoir au service de la production agricole, l'Afrique deviendra le grenier du monde et le continent le plus alimentairement auto-suffisant de la planète. 60% des terres arables se trouvent en Afrique et avec la population mondiale qui s'accroit à une vitesse vertigineuse, la sécurité alimentaire du monde dépendra tôt ou tard de l'Afrique[12]. Les africains ont l'ultime chance et privilège d'être les propriétaires des terres les plus riches au monde et ils doivent savoir en tirer profit plutôt que de laisser les étrangers en accaparer comme c'est le cas depuis plus d'un siècle. L'agriculture n'est pas incompatible avec la culture, le savoir et les études universitaires. Bien au contraire, elles sont intrinsèquement liées car tous contribuent à la survie et à l'épanouissement des êtres humains.

---

[12](RTBF 2012)

VI

L'OPPRESSION DE LA FEMME

"Un homme, si opprimé soit-il, trouve un être à opprimer : sa femme". Thomas Sankara

Une femme ne parle pas politique, encore moins des droits de l'homme parce que les droits de l'homme n'incluent pas ceux de la femme. Bien sûr, cela se comprend car un homme n'est pas une femme et une femme n'est pas un homme. Une femme qui veut se montrer intelligente et intellectuelle peut créer une ONG. Elle peut lutter contre l'excision, les mariages forcés, le trafic des enfants, l'exploitation des jeunes filles domestiques, la prostitution ou encore le droit de cuissage. Mais elle ne doit pas de se mêler des affaires de l'État car le chef, le maître, c'est l'homme. D'ailleurs, quand on parle d'un maître, automatiquement, l'on pense à un homme qui a de l'autorité, du pouvoir. Par contre, quand on parle d'une maîtresse, cela fait penser à une femme illégitime qu'on cache pour un plaisir secret.

Une femme qui fait de la politique est une femme non-domestiquée autrement dit une femme sauvage, lui disent les critiques. Comment peut-elle oser demander à un dirigeant mâle de quitter le pouvoir quand elle n'est qu'une femelle ? Elle doit être male éduquée ou plutôt, pas du tout éduquée. Parce que l'éducation de la femme consiste à lui faire savoir qu'elle existe pour appartenir aux hommes, leur obéir et les servir. Une femme c'est un accessoire, un matériel, un objet que l'on achète, polit et présente comme ornement à ses amis. Et les bonnes mamans éduquent ainsi leurs filles. Elles leurs apprennent à devenir de bonnes servantes, d'excellentes amantes et de parfaites futures éducatrices d'esclaves. Les mauvaises mamans quant à elles, produisent des filles dangereuses comme celle-ci qui prétend demander le départ d'un dirigeant. Pour qui se prend-elle la vermine ? D'où vient-elle cette gamine ? C'est du jamais vu dans ce pays ! Une fille qui milite politiquement et ouvertement. Une fille qui critique un dirigeant et son gouvernement. Celle-ci ne doit vouloir qu'une chose, se faire remarquer et se faire draguer. Ah mais oui ! Les femmes sont des êtres très rusées surtout quand elles se croient un peu jolies. Alors on se la joue connaisseuse et prétentieuse pour attirer l'attention des hommes du pouvoir.

Certains disent qu'elle fera une bonne première dame tandis que d'autres pensent qu'elle est un peu trop agitée pour répondre à cette lourde responsabilité qui consiste à accompagner le président partout où il va, vêtu en soie et paru de diamants, à toujours afficher un sourire mécanique, et à devenir un modèle pour les autres petites esclaves du pays. Quand on en fait un peu trop comme celle-ci qui tantôt publie un article pour critiquer le premier ministre, ou tantôt fait un discours pour destituer le président, on ne peut pas finir première dame. Il y a mieux pour elle. Elle sera ministre des affaires féminines et enfantines. Là au moins, elle ne s'ennuiera pas car elle aura la télévision nationale à sa disposition pour ses discours extravagants, la presse nationale à ses petits soins pour publier ses articles oiseux et en même temps promouvoir l'émancipation de la femme, vu qu'elle aime militer. On ne va quand même

pas accorder autant de considération à cette prostituée !
Une femme qui critique un homme et pas des moindres,
un chef d'état ne peut être qu'une trainée. C'est parce
qu'il lui manque la chaleur d'un vrai homme. Elle
s'ennuie car étant trop seule. Elle n'a pas d'homme dans
sa vie et il faudrait lui en trouver un qui puisse la
dompter et calmer son insolence.

Il y'en a quand même qui l'aiment bien. Ces
hommes qui sont contre le gouvernement et qui
apprécient l'attention particulière que porte cette
gonzesse à leur combat. Il leur faut plus de femmes de ce
genre. Des femmes qui réfléchissent et agissent comme
des hommes sont rares et elles les fascinent beaucoup.
Réfléchir comme un homme c'est réfléchir
intelligemment et réfléchir comme une femme, c'est
réfléchir esthétiquement. Cette femme est donc très
intelligente. Elle n'est pas comme toutes ces autres qui
passent leur temps à regarder des feuilletons et
cherchent à savoir ce que portera la maîtresse de l'ami de
leur mari le jour de l'anniversaire de leur copine qui est
la femme de l'ami de leur époux. Celle-ci a de la jugeote
et un homme qui épouse une femme comme elle verra

son pouvoir et son prestige doubler. Il leur faut donc cette femme. Il faudrait l'acheter avant qu'elle ne tombe sous le charme des billets de banque de ces pervers qui sont au gouvernement.

Cette jeune fille doit avoir un sérieux problème. Il faudrait tout simplement l'ignorer. Elle ne veut vraiment de personne ; ni des hommes du pouvoir, ni de leurs ennemis. Elle ne souhaite appartenir à personne car elle pense se suffire. Ce qu'elle oublie, c'est qu'une femme ne peut pas exister sans un homme. Une femme, ou elle porte le nom de son père, ou celui de son mari. Celles qui portent le nom de leur mère sont des bâtardes et celles qui finissent avec celui de leur père sont des ratées. Cette petite prétentieuse appartient au deuxième groupe.

Dans cette masse qui la convoite ou la rejette, il y a de ceux qui l'aiment véritablement ; qui la prennent comme leur fille, leur sœur ou leur amie. Eux lui parlent sincèrement et lui conseillent de mettre de l'eau dans son vin, ou du mieux, de se retirer carrément de la scène politique car elle est trop jolie pour finir ratée et aigrie. Ils lui recommandent d'exploiter sa beauté pour se tailler une place au soleil dans la maison d'un riche milliardaire. Elle peut bien y arriver si et seulement si elle se ressaisit et arrête de chercher à ressembler à un être qu'elle n'est pas et ne sera jamais : un Homme.

Cette fois, elle n'en peut plus. Elle en a marre de tous ces gens ; de ces personnes qui pensent connaître ses intentions, ses aspirations, ses besoins et son destin. Elle est fatiguée d'être entourée d'individus aussi mal foutus qui la prennent pour un objet ou un esclave à acheter ou à vendre. Elle ne comprend pas pourquoi ils sont si incapables de voir au-delà de la rondeur de ses courbes, de la douceur de sa peau ou de la blancheur de ses dents. Pourquoi une femme ne peut-elle pas exister tout simplement se demande-t-elle ? Sans préjugés, sans contraintes et sans interdits ?

* * * * *

Dans de nombreuses sociétés, la femme est souvent infériorisée vis à vis des hommes. Il y a de ces rôles que ces dernières ne peuvent pas prétendre jouer tout simplement parce qu'elles sont des femmes. L'on peut comprendre que généralement les hommes soient physiquement plus endurants que les femmes et dans ce cas, il est également compréhensible que les femmes soient écartées des tâches qui nécessitent une importante force physique et musculaire bien qu'il existe aussi des femmes plus physiquement solides que des hommes. Mais quand on parle de ces tâches qui requièrent l'usage de l'intellect, les femmes et les hommes se valent. La politique n'étant pas un exercice physique, penser que les femmes sont incapables de la faire c'est démontrer que l'on est soit même intellectuellement faible et donc inferieur à cette femme à qui l'on veut retirer le droit de faire usage de ses capacités intellectuelles.

Quand on revendique des meilleures conditions de vie, de meilleurs emplois, de meilleurs salaires et de meilleurs traitements, cela doit s'étendre également aux femmes. Il est inconcevable qu'un homme pauvre puisse revendiquer le droit d'être riche et que la femme pauvre elle ne puisse pas. Il est inadmissible qu'un homme marginalisé ait le droit de se révolter mais que la femme marginalisée elle n'en ait pas. Il est déplorable que les hommes aspirent à la liberté, à la justice, à l'équité en y excluant les femmes. Les hommes ne doivent pas lutter pour leurs droits, leur bonheur et leur confort au détriment de ceux des femmes et le faite de permettre aux femmes de bénéficier des mêmes avantages sociaux-politiques que les hommes ne réduiront en rien ceux de ces derniers ; bien au contraire car un homme libre qui a pour mère, épouse, sœur ou fille une esclave, est l'enfant, le mari, le frère ou le père d'une esclave. Il est temps que l'on réalise que la détérioration de la condition de vie de la femme au sein de notre société détériore également celle des hommes et son amélioration, améliore aussi la leur.

Dans les dictatures, les femmes sont doublement opprimées car non seulement elles subissent l'oppression en tant que citoyennes mais aussi en tant que femmes. Elles sont opprimées par l'état et par la société dans laquelle elles vivent. Dans un état pauvre et dysfonctionnant, quand il est difficile pour un homme de trouver de l'emploi, il l'est encore plus pour les femmes d'en trouver. Et dans certains cas, la femme doit monnayer son honneur pour un travail. Dans les familles, quand les parents sont trop pauvres pour maintenir tous leurs enfants à l'école, on fait arrêter les études aux filles afin de permettre aux garçons de poursuivre les leurs car on estime que la fille au mieux, deviendra l'épouse d'un homme riche. Mais le garçon lui doit devenir cet homme riche.

Cette insensibilité à la douleur de la femme et ce cynisme qui aveugle des hommes au point où ils ne réalisent pas la souffrance qu'ils infligent à ces femmes qui sont leurs propres parentes me désole. Ce sont les femmes qui donnent la vie et ce sont elles qui font le plus de sacrifices pour permettre aux hommes de vivre. Mais les hommes leur retournent souvent ce service par le dénigrement, l'avilissement, l'humiliation et la marginalisation.

L'infériorisation de la femme est devenue une norme et toute femme qui refuse de se sentir inférieure aux hommes est traitée de tous les noms d'oiseaux et des fois par ceux-là même qu'elle essaie d'assister et de protéger. Le pire est que la majeure partie des femmes victimes de cette ségrégation accepte leur condition d'opprimée et éduquent elles-mêmes leurs enfants dès le bas âge, sur des bases séparatistes qui font de leurs fils une fois adulte, des « maîtres » et de leurs filles, une fois grande, des « maîtresses ».

L'association de la femme aux affaires politiques est une nécessité pour une société stable et équilibrée car tout d'abord, le genre féminin est majoritaire et par conséquent, la femme incarne la démocratie. Ensuite, elle est celle qui met au monde et éduque les futurs dirigeants, tout genre confondu. Si toutes les mères apprenaient à leurs enfants, dès leurs premiers pas à respecter leurs prochains, leur peuple et leur pays, à ne jamais vouloir contrôler, dominer et opprimer les autres, à être honnête, juste et laborieux, notre monde serait beaucoup moins barbare et bien plus vivable.

VII

L'OPPRESSION ECONOMIQUE

« *Nous devons produire ce que nous consommons et consommer ce que nous produisons* » *Thomas* Sankara

Le monde les connaît pour leurs vêtements faits à base de pagne imprimé. Des centaines de milliers de gens viennent chaque année s'approvisionner chez eux. Les commerçantes qui détiennent le monopole de la distribution des pagnes se sont tellement enrichies dans cette affaire qu'elles sont devenues les femmes les plus nanties de la nation. Ces dames ont commencé ce commerce depuis des décennies et de générations en générations, elles ont passé la main à leurs filles et petites filles. Leurs descendantes n'ont pas seulement hérité de leurs richesses et de leurs affaires mais aussi de leur manque d'innovation. En effet, bien que ces dames soient suffisamment riches pour s'offrir des usines de production de pagnes, elles importent toujours leurs marchandises. Hier c'était chez les maîtres de l'ouest, et aujourd'hui c'est chez ceux de l'est. Il ne leur est jamais venu à l'esprit d'arrêter d'être de simples revendeuses pour ramasser les miettes que leurs offrent les maîtres propriétaires des usines de manufacture des pagnes afin de devenir elles-mêmes des fabricantes.

Ce manque de créativité et d'entreprenariat ne se retrouve pas que chez ces dames mais chez la quasi-totalité du peuple. Quand les maîtres sont venus coloniser le peuple, ils ont tout mis en œuvre pour que ce dernier dépende éternellement d'eux pour l'approvisionnement des produits qui leurs sont vitaux à savoir les aliments, les vêtements, les médicaments, les matériaux de construction etc. Le peuple, bien que produisant les matières brutes qui servent à la fabrication de ces produits, ne les transforme jamais. C'est le maître qui transforme, raffine et lui revend beaucoup plus cher ce que lui-même a produit et peut facilement transformer grâce aux immenses ressources minières, énergétiques, agricoles et surtout humaines dont il dispose.

Comment peut-on concevoir que le cultivateur

du café gagne moins d'1% du prix auquel le café raffiné est vendu aux consommateurs[13] ? Un pays qui produit du coton en grande quantité et est réputé pour la vente des pagnes faits à base de coton est incapable de produire ce pagne lui-même. Son coton lui est acheté à cents francs et servira à la fabrication d'un pagne qu'il rachètera à dix mille francs. Un pays qui est l'un des plus grands producteurs et exportateurs du phosphate au monde est incapable de le transformer en engrais afin de satisfaire la demande des agriculteurs qui représentent plus de 60% de sa population. Il vend ce phosphate à un prix dérisoire à d'autres qui le transforment en engrais et reviennent le lui vendre cent fois plus cher. Quand l'on jette un regard sur les citoyens de ce pays, tout ce qu'ils portent, de la tête au pied est fabriqué à l'étranger avec des matières premières qui proviennent de leur propre sol. Et il n'y a pas que les vêtements qu'ils portent qui sont importés mais aussi le savoir qu'ils semblent détenir. Leur cerveau, comme un ordinateur a été programmé par les maîtres ; ingénieurs de l'abrutissement et de l'aliénation pour les formater en

---

[13](Russel 2006)

consommateurs, en soumis, en mendiants et en abrutis. Le formatage est si bien réussi que ces citoyens non seulement refusent de produire ce qu'ils consomment mais pire, rejettent tout ce qui est produit dans leur pays car convaincus que toute chose fabriquée chez eux par leurs concitoyens est de médiocre qualité. Raison pour laquelle ils refusent de passer le beurre de karité moins cher extrait sur leur propre terre mais sont prêts à débourser une fortune pour acquérir le karité dilué à base de produits chimiques et parfums toxiques que leur revend le maître.

Les principaux responsables dans cette histoire, ce sont les dirigeants de ces pays et c'est leur soumission au maître qui leur fait faire passer les intérêts de celui-ci avant ceux de leur peuple au point de faire la promotion des entreprises du maître au détriment des entreprises locales. Installés au pouvoir par le maître, ils ont le devoir de maintenir le peuple dans la dépendance car la survie du patron en dépend. Ainsi, la politique des dirigeants et de leurs gouvernements fantoches consiste à soutenir les projets commerciaux qui vont dans le sens de l'importation des produits du maître et à tout mettre en œuvre pour détruire ces projets qui permettront aux peuples de s'auto-suffire. Par ailleurs, ces dirigeants font tout ce qui est leur en pouvoir pour désintéresser les jeunes des études scientifiques et techniques pouvant leur permettre de monter des usines de manufacture et ils dirigent l'attention de ces derniers vers les formations et spécialisations non génératrices de richesses. Comment peut-on sortir de la pauvreté quand l'on est incapable de produire la richesse ?

Et bien le maître a une potion magique au mal de la pauvreté : l'aide au développement. Le maître n'est pas aussi méchant et égoïste que cela après tout. Il lui arrive souvent de faire l'aumône aux peuples qu'il a lui-même appauvri afin de réduire leur souffrance. Il offre à ceux-ci des moustiquaires imprégnées pour pallier à cette maladie dévastatrice qu'est le paludisme bien qu'il sache que ces moustiquaires ne détruiront pas les causes de cette maladie. Il offre des bourses d'études aux enfants pour apprendre à lire, à écrire et à parler sa langue même si en fin de compte, les diplômes obtenus à la fin du cursus ne serviront qu'à conduire des taxi-motos ou à exercer des métiers qui rendront ces enfants plus pauvres que leurs parents cultivateurs « analphabètes ». Le maître, par moments, fait aussi des dons de nourriture que le président fantoche de la république détourne pour corrompre le peuple lors de ses campagnes électorales. Le maître donne et prête également de l'argent au peuple pour soutenir quelques petits projets par ci et là qui au final le rendront lui plus riche et appauvrira le peuple davantage. N'est-il pas généreux et ingénieux ce maître ?

Toutefois, depuis plusieurs décennies que le maître fait l'aumône à ses esclaves, soi-disant pour les sortir de la pauvreté, aucun d'entre eux n'a jamais réussi à en sortir. Afin d'accélérer les choses, le maître établira des fallacieux objectifs du millénaire et du développement qui devraient permettre aux esclaves de devenir riches après un certain nombre d'années. Et le maître sachant très bien faire les choses, des années se sont écoulées sans qu'il n'y ait pas de nouveaux riches dans les plantations à l'exception des nouveaux contremaîtres installés à la tête de certaines haciendas. Les esclaves à la cervelle importée, quant à eux, croient aveuglement en la sincérité de leur maître. Ils lui sont même très reconnaissants pour sa magnanimité.

* * * * *

Le système du pacte colonial qui consiste à exporter les matières premières aux métropoles et à importer les produits finis de celles-ci n'a pas changé, à la seule différence qu'aujourd'hui quelques pays émergeants de l'Est ont rejoint ceux de l'Ouest dans la conquête de cette « jungle » qu'est l'Afrique. L'économie africaine demeure une économie de subsistance dans laquelle l'on dépend quasi-entièrement des autres pour se nourrir, se vêtir, se soigner, se scolariser et aussi pour se saouler et se droguer. Ceci est en partie dû au système éducatif conçu par les colonisateurs pour maintenir les colonisés dans la dépendance afin de bien les exploiter. Il serait judicieux de rééduquer le peuple africain sur le danger de cette dépendance économique et l'importance de la manufacture. En outre, il faudrait mettre l'accent sur les formations techniques et scientifiques et orienter plus de jeunes dans ces filières afin que nous ayons plus d'inventeurs, de fabricateurs, d'innovateurs, d'entrepreneurs et beaucoup moins d'observateurs, de discoureurs et de rêveurs sur le continent. Sans quoi, l'Afrique ne pourra jamais s'industrialiser et sans industrialisation, pas de développement. Les objectifs du millénaire pour le développement sont une véritable arnaque établie par les grandes puissances pour éviter de tacler les vraies causes de la pauvreté dans les pays dits sous-développés et d'éviter les débats sur les conséquences néfastes de la politique économique néolibérale que ces puissances ont imposée aux pays qu'ils prétendent soigner du mal de la pauvreté. En effet, le néolibéralisme est la véritable et principale cause du sous-développement car elle empêche les pays du sud de s'industrialiser et de s'auto-suffire.

Pour mettre fin à l'oppression économique, il incombe aux dirigeants, le devoir de rénover les programmes académiques, de subventionner les projets industriels, de renforcer les barrières douanières afin de protéger la production locale et de faciliter l'exportation des produits finis. Et pour se faire, il est impératif de retirer le pouvoir aux fantoches qu'ont imposés les colonisateurs aux peuples, car ils n'ont pas à cœur l'épanouissement de leurs administrés.

VIII

LES TRAÎTRES SAUVEURS

« Certains traîtres ont une étonnante faculté de se convaincre

eux-mêmes de la sainteté de leurs intentions ! »

Charles Hame

Durant de nombreuses années, ils se sont allègrement abreuvés à la rivière de l'oppression. Ils ont soutenu avec zèle et fierté la coercition. Ils ont dépouillé le peuple de toutes ses richesses, de son honneur et de sa dignité. Et tout ceci, pour pouvoir s'offrir des dizaines de châteaux qu'ils ne pourront jamais habiter, des centaines de véhicules dont ils ne pourront jamais se servir, des milliers de vêtements luxueux qu'ils ne pourront jamais porter, des millions d'éloges qui ne pourront jamais les blanchir de leurs crimes, et des milliards de francs qu'ils ne pourront jamais dépenser. Ils ont participé et assisté à la destruction de leur pays et ont pris plaisir à voir leur peuple souffrir et mourir. Aujourd'hui, parce qu'ils sont exclus de cette mafia d'abuseurs, de voleurs et de tueurs, ils reviennent vers le peuple et veulent se faire passer pour son sauveur.

Afin de gagner la confiance de ce peuple qu'ils ont brimé, pillé et massacré, ils se font passer pour des victimes de ces gens qui hier encore étaient leurs amis, leurs compagnons et leurs frères. Pour y arriver, ils ont choisi de jouer avec l'émotion du peuple en pleurant comme des nouveaux nés. Ah comme elles trahissent ces larmes de crocodiles ! Ces larmes bien calculées qui n'émeuvent que les derniers des abrutis et qui ne feront jamais le poids devant les millions de gouttes qu'ils ont fait verser à ce peuple auquel ils réclament aujourd'hui la pitié.

Ayant réalisé que le scenario des larmes ne suffirait pas pour convaincre le peuple de leur innocence et de leur sincérité, ils développent alors une nouvelle stratégie : se faire passer pour des opposants. Ah oui ! Cela ne peut que marcher car quiconque critique, insulte et condamne le système oppressif devient d'emblée l'ami du peuple. Alors ils s'y mettent et cette fois avec plus de zèle que quand ils servaient leurs ex-amis. Ils passent sur tous les médias pour faire du bruit. Le matin ils dénoncent les détournements de tel ministre, le midi ils condamnent la violence de tel militaire et le soir ils traitent le régime de sauvage. Matin, midi et soir, le peuple se délecte de ce repas empoisonné par l'ambition, la rancœur et la cupidité. Ensuite, pour démontrer au peuple comme ils sont gênants pour leurs ennemis, ils complotent des scènes d'enlèvements, d'arrestations et de braquages contre leurs propres personnes ; une technique qu'ils ont appris au sein de leurs mafias qui consiste à inventer des coups d'états pour éliminer les ennemis.

Le peuple bien que n'étant pas si naïf finit malheureusement par mordre à l'hameçon, car très absorbé par l'espoir d'un changement, il se laisse encore une fois rouler. Et dans les rues on l'entend scander le nom de ses nouveaux amis qu'il pense pourront le sauver des griffes de ses oppresseurs. Le peuple leur pardonne donc leurs crimes, les accepte de nouveaux et leur garantissent soutien et protection. Et quand on demande au peuple ce qui lui fait croire qu'ils pourront effectivement les sauver, il répond que parce qu'ils faisaient partie du système, ils le maîtrisent très bien et pourront donc les aider à le détruire. Ha ! Et oui, l'ignorance est une maladie ne dit-on pas ? C'est justement parce que le peuple lui ne connaît pas bien le système, qu'il ne réalise pas que les rejetons du système sont ceux-là qui ne lui sont plus utiles et n'ont plus aucun pouvoir. C'est par ignorance que le peuple fait confiance à ces individus que le système a sucé de toute crédibilité et de toute utilité.

« *On peut tromper une partie du peuple tout le temps, tout le peuple une partie du temps, mais on ne peut pas tromper tout le peuple tout le temps* » disait Abraham Lincoln. Et oui, la farce prend toujours fin. Pour combattre aux côtés du peuple et pour les intérêts du peuple, il faut être armé de patience, avoir le sens du sacrifice, abandonner la mondanité et accepter de vivre comme le peuple dans la misère. Nos habitués du gain facile, des fêtes grandioses de célébrations de leurs richesses, brefs, de la vie paradisiaque supportent alors de moins en moins de marcher dans la poussière avec le peuple. Ils mettent alors la pression sur celui-ci pour qu'il fasse vite sa révolution afin de les remettre au pouvoir mais hélas, le peuple va moins vite que l'ombre d'un escargot. Alors ils mettent la pression sur leurs anciens amis pour que ceux-ci cherchent à dialoguer avec eux et les reprennent dans leurs rangs mais nada, le régime n'a plus leur temps. Déprimés, perdus, confus et abimés, ils font alors appel aux « hommes de Dieu ». Et oui ! Seule la prière pourrait encore marcher car le peuple croit fermement en Dieu. Ils décrètent donc par le biais d'autres escrocs qui se font appeler pasteurs qu'ils ont été choisis par Dieu lui-même pour diriger le peuple. Pff ! Qui trompe qui ? Le disque est rayé.

* * * * *

Les opportunistes et les arrivistes sont souvent les individus les plus dangereux dans les sociétés où règnent l'injustice et la violence. Ceux-ci sont toujours prêts à manipuler et à trahir un camp contre l'autre. Ce sont des personnes qui veulent toujours gagner et sont constamment à la recherche du beurre et de l'argent du beurre. Ils sont prêts à servir l'oppresseur pour bénéficier de ses bonnes grâces et se font passer pour l'ami de l'opprimé une fois que l'oppresseur se retourne contre eux. De ces gens, les combattants de la liberté doivent énormément se méfier car tout ce qui peut sortir d'eux n'est que trahison. L'on ne peut pas faire confiance en des personnes qui ne sont loyaux qu'au matériel, au pouvoir et à la gloire car à tout moment, ils sont capables de changer de camp en fonction de qui leur offre plus de prestige et d'argent.

Il est vrai que certaines personnes après avoir servi des régimes totalitaires durant des années réalisent à un moment donné qu'ils ne peuvent pas continuer dans le mal et choisissent de prendre leurs distances des régimes en question. Ceux-ci, qui s'éloignent par principe ou par éveil de conscience ne sont pas à confondre avec ces opposants de circonstances qui eux n'ont souvent aucun sens de la morale. Il ne faut point faire confiance en ces personnes qui rejoignent la lutte contre l'oppression parce que l'oppresseur ne veut plus de leurs vils services. L'on doit garder ses distances de ces individus qui une fois chassés des rangs des oppresseurs comme les vulgaires bandits qu'ils sont, se mettent à insulter et à dénigrer avec véhémence leurs anciens collaborateurs. S'ils sont capables de devenir du jour au lendemain les ennemis de leurs anciens amis, c'est qu'ils peuvent aussi devenir les ennemis de leurs actuels amis.

Pour prétendre épouser et défendre les intérêts et les aspirations du peuple à la liberté, il faut être animé par le sens de patriotisme, de sacrifice et de dépassement de soi ; non pas par l'esprit de la vengeance, de la rancune et de la convoitise. Et pour distinguer les vrais convertis au patriotisme des faux, il faut tout simplement les soumettre à l'épreuve du temps car lui seul nous permettra de distinguer le repenti du travesti.

IX

LA DEMOCRATIE EXISTE !

« La démocratie est le pouvoir du peuple, par le peuple, pour le peuple » Abraham Lincoln

Une société dans laquelle le peuple décide de sa manière d'être gouverné, participe à son gouvernement et contrôle sa gouvernance est une société que l'on peut appeler démocratique. Avant la colonisation il existait déjà des sociétés démocratiques en Afrique. Des sociétés dans lesquelles les populations décidaient de comment elles devraient être gouvernées. Et chaque individu dans ces sociétés jouait un rôle dans la gestion de celles-ci. La démocratie n'a pas été créée par l'Occident contrairement à ce que l'on pense.

La démocratie telle qu'on nous la présente aujourd'hui n'est pas cette démocratie que pratiquaient les grecs ou dont parlait Abraham Lincoln (ancien président des Etats-Unis d'Amérique). La démocratie qui se traduit comme étant le pouvoir du peuple, par le peuple et pour le peuple a été travestie par les élites aristocratiques qui contrôlent le monde. Ces élites aristocratiques ne sont nulles autres que les propriétaires de ces compagnies multinationales qui représentent moins d'un pourcent de la population mondiale mais détiennent plus de quatre-vingt-dix pourcents des richesses du monde. Ces élites à qui appartiennent la quasi-totalité des banques, des compagnies agro-alimentaires, des industries textiles et pharmaceutiques, des compagnies de transport, des médias, des mines, brefs ; ces élites qui possèdent le monde.

Grâce à la richesse qu'elles ont accumulée sur le dos de l'assujettissement de milliards d'hommes de par le monde, ces élites aristocratiques s'offrent le luxe de décider de ce que doivent être les peuples, ce que doivent faire et penser ces peuples, et de ce qu'ils doivent aimer ou détester. Pour se faire, elles investissent énormément dans le formatage des peuples par le biais des médias, des écoles, des religions et d'autres institutions et activités qu'elles créent et qui leurs servent de levier d'influence sur les peuples. Ces élites propriétaires du monde décident donc ainsi du droit d'exister des peuples qu'elles contrôlent.

Originellement, ces élites aristocratiques avaient implanté un système de gouvernance monarchique héréditaire, et ne laissaient aux peuples sous leur contrôle aucune possibilité de décider de leur destinée. Ayant réalisé à un moment donné que ces peuples de par le monde aspirent à l'auto- détermination et souhaitent prendre part à leur gouvernance, elles ont fait usage d'une ruse afin de ne pas perdre le contrôle sur ceux-ci en inventant une démocratie qu'elles ont vendue aux peuples en question afin de leur faire croire qu'ils sont indépendants, libres et souverains alors qu'en réalité, ceux-ci demeurent sous leur joug. Grâce à leurs leviers d'influences tels que les écoles, les organisations non-gouvernementales, les organismes dits internationaux et les médias qu'elles financent, elles font la propagande de cette fausse démocratie qui n'est en rien « le pouvoir du peuple, par le peuple, pour le peuple », mais plutôt le pouvoir du peuple, par les riches pour les riches : la « démo-aristocratie ». Ce nouveau système créé, propagé et implanté par les élites aristocratiques est une combinaison de l'aristocratie : le pouvoir des riches et la démocratie : le pouvoir du peuple. Dans la démo-aristocratie, le pouvoir du peuple se limite au choix d'un des dirigeants que lui propose et lui impose les aristocrates dont le but sera d'œuvrer pour les intérêts des élites aristocratiques.

La démo-aristocratie se manifeste par des élections au cours desquelles les aristocrates proposent les candidats de leurs choix au peuple. Afin d'influencer le choix du peuple, ils financent massivement les campagnes électorales de ces candidats, font leur propagande à travers les médias et se servent de leurs leviers d'influences pour faire croire au peuple que ces candidats sont ceux qui le défendront le mieux. Alors le peuple vote pour ces candidats choisis par les aristocrates et quand ceux-ci remportent ces élections machinées, on parle d'élections libres et transparentes donc démocratiques. Le peuple naïf pense qu'il détient tout le pouvoir alors que le seul pouvoir qu'il détient est celui de choisir entre les doigts du même diable, en d'autres termes le moins laid, le mieux vêtu et le meilleur parleur.

Quelques rares fois, certains peuples plus aguerris et plus éveillés ne tombent pas dans le jeu des démo-aristocrates et réussissent grâce à la sensibilisation et à la mobilisation des leaders visionnaires à organiser des élections au cours desquelles tous les candidats ne sont pas les servants des aristocrates et à porter au pouvoir ceux-là qui ont réellement à cœur les intérêts du peuple. Et quand ceci se produit, les institutions, organisations et médias des aristocrates parlent d'élections frauduleuses, non transparentes, non-démocratiques et mettent tout en œuvre pour faire tomber ces dirigeants qui aspirent à la liberté et la souveraineté de leurs peuples. Ils financent des rebellions contre ceux-ci, organisent des campagnes de dénigrements contre leurs personnes et manipulent l'opinion publique qu'ils aiment appeler « opinion internationale » contre ces derniers. Ils injectent des fausses monnaies ou produits défectifs sur leur marché et décrètent des embargos contre ces pays afin d'affaisser l'économie de ces peuples et de leur faire regretter le choix de ces dirigeants anti démo-aristocratie. Mais quand toutes ces initiatives échouent, ils optent tout simplement pour l'assassinat des dirigeants pro-peuple.

Quelques autres rares fois, les aristocrates ne réussissent pas à éliminer ces dirigeants pro-peuple malgré toutes leurs nombreuses tentatives d'assassinat. Alors, ils redoublent d'effort dans leurs campagnes de diabolisation contre ceux-ci et de destructions de leurs gouvernements. Ces derniers, réalisant que les enjeux sont grands et ne voulant pas faillir à la mission qu'est de libérer leur peuple de la domination, s'accrochent au pouvoir car partir serait synonyme de défaite. Se disant qu'il serait très difficile de trouver des personnes charismatiques, patriotiques, avisées, habiles et agiles en mesure de résister aux attaques des aristocrates comme ils le font, ces dirigeants pro-peuple se battent aussi pour ne pas lâcher le pouvoir car étant convaincus que sans eux, leurs peuples retomberont sous la coupe des aristocrates. Alors ils s'éternisent au pouvoir et quand ils sévissent contre ces personnes que les aristocrates ont recrutées pour les faire tomber, on les qualifie de dictateurs.

En Afrique, il y a trois types de dictateurs. Il y a

les dictateurs choisis par les aristocrates imposés aux peuples, qui œuvrent absolument contre les intérêts de leur peuple et pour ceux de leurs maîtres. Ils font usage de la force et de la violence pour se maintenir au pouvoir tout en refusant de partir malgré les exigences de leur peuple. Ensuite, il y a les dictateurs qui sont catalogués ainsi parce qu'ils ont refusé d'agir contre les intérêts de leur peuple et de devenir les marionnettes des élites aristocratiques mais qui par la force des choses ne quittent plus le pouvoir. Enfin, il y a les tiers dictateurs.

Le dénominateur commun des deux premiers dictateurs est souvent la longévité de leur règne. Les aristo-démocrates ont réussi à vendre un principe « démocratique » aux peuples qu'ils contrôlent : la limitation des mandats des chefs d'états à deux. Sachant qu'il leur sera plus facile de remplacer leurs marionnettes « démocrates » qu'ils imposent aux peuples au bout d'une décennie qu'il le leur sera de renverser un dirigeant pro-peuple, ils ont eu la malice de propager l'idée selon qu'un dirigeant « démocrate », est un dirigeant qui ne fait pas plus de deux mandats, comptant ainsi sur la possibilité de pouvoir se débarrasser des

« non démocrates » au bout de ces deux mandats qui dans la plupart des cas ne dure pas plus de dix ans. Et de cette manière, au bout de dix ans généralement, si les pro-peuples demeurent au pouvoir, ils peuvent alors officiellement les cataloguer de dictateurs.

Dans le même temps, quand les marionnettes c'est-à-dire les « aristo-démocrates » eux dépassent les dix ans, l'on justifie la continuité de leur règne par le faite qu'ils ont commencé des projets de développement qu'ils ne peuvent pas abandonner en quittant le pouvoir ou qu'ils jouent un rôle crucial de médiateur et de solutionneur de conflits dans leurs régions et que leur départ entacherait la stabilité, la paix et la sécurité qui règne dans ces régions. Quant aux « dictateurs » pro-peuple, étant isolés dans cette maille de marionnettes « démo-aristocrates », leur présence ne saurait donc être nécessaire pour le maintien d'une quelconque stabilité dans leur région. C'est ainsi que l'Afrique se retrouve avec des bons et des mauvais dictateurs.

Outre ces deux groupes de dirigeants c'est-à-dire les démo-aristocrates et les pro-peuples, il existe un groupe tiers qui ne figure dans aucune des deux catégories c'est-à-dire, ne sont ni des marionnettes des élites aristocratiques, ni des serviteurs du peuple. Eux arrivent généralement au pouvoir par des coups de chance et ne servent uniquement que leurs propres ambitions et intérêts. Ceux-ci profitent d'une crise socio-politique ayant causé un vide pour rapidement s'accaparer du pouvoir détenu ou convoité par les aristocrates. Ils deviennent alors les ennemis de ces derniers qui les trouvent trop prétentieux, agités et vulnérables pour servir de marionnettes et cherchent donc à se débarrasser d'eux au même titre que les pro-peuples. Alors ces dirigeants tiers, sachant que très souvent les peuples éveillés soutiennent les ennemis des aristocrates, font du populisme en agressant et en critiquant ouvertement les élites aristocratiques pensant que cela leur fera gagner l'amour et le soutien du peuple ou d'autres dirigeants pro-peuple mais malheureusement ils sont trahis par leurs avidité, cupidité et fierté démesurées. Il ne suffit pas d'être contre les élites aristocratiques pour mériter d'être qualifié de pro-peuple. Un pro-peuple défend les intérêts des peuples avant les siens alors que les dirigeants tiers qui gouvernent dans leur seul et unique intérêt, par ambition et non par conviction ne sont que des monocrates. Et très souvent, ceux-ci ne font pas long feu au pouvoir car ils finissent par être renversés ou par les aristocrates ou par le peuple.

Le drame dans tout ceci est que tous ces trois types de dirigeants se disent démocrates, (c'est-à-dire qu'ils sont des dirigeants du peuple par le peuple pour le peuple) car le mot démocratie est devenu une vogue politique qui ajoute de la crédibilité aux régimes qui le portent. Et la confusion qu'ils entrainent en se faisant tous appeler des démocrates fait que de nombreux gens ne croient plus en la démocratie et concluent tout simplement qu'elle est un leurre : chose incorrecte. La démocratie est un système que les peuples doivent nécessairement implanter afin de ne plus être subjugués et exploités par un système, un groupe de personnes ou un individu. Elle doit être adoptée par les peuples et adaptée à eux en fonction de leurs cultures, aspirations, richesses, forces et faiblesses. Ce qui ne saurait exister est une démocratie uniforme que tous les peuples doivent porter peu importe leurs attributs.

La démocratie existe. Elle est le pouvoir du peuple et tout peuple est un pouvoir. Cependant le problème n'est pas l'inexistence de la démocratie, mais plutôt l'absence de l'établissement de la démocratie. S'il nous semble que la démocratie n'existe pas, c'est parce que les peuples ne l'établissent pas, car ils se fient aux oppresseurs pour la leur établir. Il ne faut pas arrêter de croire en la possibilité d'avoir des gouvernements du peuple, par le peuple pour le peuple parce que certains ont changé le sens du mot démocratie afin de protéger leurs intérêts. Par le même temps, il est également erroné de penser que la dictature n'existe pas parce que certains dirigeants qui défendent les intérêts de leurs peuples ont été ainsi catalogués.

Néanmoins, étant donné que la démocratie a perdu son sens du fait que le mot est utilisé à tort et à travers par des aristocrates et des autocrates, il serait peut-être préférable de lui trouver une autre appellation et je propose : « pro-peuple ». N'empêche, « l'habit ne fait pas le moine » dit-on car l'appellation démocratie de nos jours ne signifie et ne garantit en rien les vrais principes de la démocratie. Il faudrait donc se détacher du nom et se rattacher aux principes et valeurs de la gouvernance du peuple, par le peuple, pour le peuple. La quête de cette gouvernance ne doit pas être abandonnée sinon les aristocrates et les monocrates, bref, tous ces groupes et individus qui oppriment et cherchent à opprimer les peuples auront vaincus et l'oppression perdurera.

L'on ne doit pas cesser de croire en l'existence du paradis tout simplement parce que le diable a rebaptisé l'enfer « le paradis. » ; il en est de même pour la démocratie.

X

L'OPPRESSION RELIGIEUSE

« *Les hommes, dans tous les temps, ont fait de la religion un instrument d'ambition et d'injustice* » *Jacob* **Grimm**

La religion est l'un des meilleurs outils de domination que les oppresseurs utilisent. Elle permet de faire subir des ignominies à un être humain à qui l'on promet en retour des gratifications impalpables. L'oppression religieuse n'est souvent pas réalisable quand une personne est en procession de toutes ses facultés intellectuelles. Mais quand les oppresseurs réussissent à corrompre intellectuellement leurs victimes à travers cette éducation bancale qui prédispose les opprimés à leur obéir, à n'écouter qu'eux et à ne jamais questionner ce qu'ils font et disent, la conversion des opprimés à une religion qui les rend plus exploitables devient très facile.

Ces derniers, dépossédés de toute capacité de réflexion n'ont souvent plus le pouvoir de remettre en cause les informations qui leur arrivent des oppresseurs.

La religion est cet élixir qu'offre les oppresseurs aux opprimés afin de leur faire supporter toutes les misères qu'ils leur font subir et d'éviter que ces derniers ne se révoltent. Les oppresseurs permettent donc aux opprimés de soulager leurs douleurs avec une religion qui justifie leur souffrance. Les opprimés subissent donc « aisément » l'oppression qu'ils pensent est la volonté de certaines forces surnaturelles qui mettent leur foi à l'épreuve. Les oppresseurs leur font croire que la récompense due à ceux dont la foi ne s'ébranle pas en cas de difficulté serait un bonheur incommensurable et le châtiment réservé aux « infidèles » serait une douleur interminable. Les opprimés s'accrochent alors à cette récompense imaginaire qui pour la plupart du temps ne leur est réservée qu'après la mort. Ils ferment la porte à toute pensée ou initiative qui risquerait d'ébranler leur « foi » et les exposerait à cette horrible punition.

Les oppresseurs eux même ne croient souvent pas en ces religions qu'ils imposent aux opprimés ; sans quoi, ils ne seraient pas des oppresseurs. Cependant, dans l'enseignement de ces religions ils se présentent comme étant les représentants ou les descendants de ces forces surnaturelles à qui doivent obéir les opprimés si ceux-ci désirent avoir le salut. Les opprimés, ayant perdu tout esprit critique ne détectent souvent pas l'arnaque dont ils sont victimes. Au contraire, ils se sentent redevables envers leurs oppresseurs. Dans cet état d'esprit, les opprimés supportent n'importe quel type de dénigrement, de répression et d'exploitation qui pour eux sont les sacrifices à faire pour obtenir la récompense des forces surnaturelles. Et gare à la personne qui osera dire aux opprimés que l'existence de ces forces est douteuse et qu'ils sont manipulés par les oppresseurs. Blasphème, s'écrieront-ils ! Vous irez en enfer, avertiront-ils ! Que le Seigneur vous pardonne, prieront-ils ! Les opprimés deviennent ainsi les gardiens de leur propre oppression et ceci, au plus grand bonheur de l'oppresseur.

En ce 21ème siècle en Afrique, les oppresseurs n'ont plus vraiment besoin d'envoyer leurs délégués religieux enfariner les peuples. Il y a de ces nouveaux entrepreneurs qui ont compris comment fonctionnent ces religions importées et qui se servent des livres religieux des anciens colonisateurs pour escamoter ces opprimés qui sont à la recherche du visa pour se rendre au paradis. Les entreprises religieuses sont les seules à avoir résisté aux crises économiques de ce siècle et dont les clients augmentent au jour le jour. Les centres religieux poussent à tous les coins de rues et les plus érudits de ces entrepreneurs ont réussi à créer des franchises dans des dizaines de pays attirant des millions d'âmes perdues en quête du bonheur éternel. Grâce à leurs prouesses, ces entrepreneurs religieux mènent une vie luxueuse tandis que leurs clients ou pour être politiquement correcte, « leurs fidèles » croupissent dans l'extrême misère. Ces entrepreneurs religieux font faire à leurs clients tout le contraire de ce qu'il faudrait pour se libérer de l'oppression car l'épanouissement des opprimés est nuisible à leurs affaires. Par le même temps, ils rendent service aux oppresseurs car ils maintiennent les opprimés (leurs clients) dans cette psychose qui leur garantit l'exploitation de ces derniers.

Je ne dis pas que tous les croyants sont des opprimés religieux ou encore que tous les chefs religieux sont des escrocs et des exploiteurs. Cependant, j'ai tenu à soulever l'un des instruments d'oppression les plus efficaces et les plus difficiles à combattre. Combattre l'oppression religieuse diffère totalement de combattre la religion et je prône le premier et non le dernier. L'oppression religieuse ne peut malheureusement pas être combattue par la violence, la force ou l'enseignement contrairement à d'autres types d'oppression. L'oppression religieuse ne peut non plus être combattue collectivement car chaque individu absorbe et vit différemment la religion. Par conséquent, il faudrait s'y prendre avec tact et être prêt à y consacrer beaucoup de temps. Lutter contre l'oppression religieuse est le combat le plus difficile à mener car le combattant aura à confronter aussi bien les oppresseurs que les opprimés étant donné que les revenus des uns et le « bonheur éternel » des autres sont en dangers.

Il faudrait amener les opprimés religieux à découvrir la vérité eux même en les exposant aux littératures révélatrices de ces arnaques religieuses, en leur faisant découvrir l'histoire et l'évolution de ces religions et étudier de nombreuses autres religions. Aussi, il est important d'engager fréquemment des discussions avec les opprimés sur les religions sans pour autant oublier que l'on a affaire à des gens qui durant des dizaines d'années ont chaque semaine en moyenne passé des heures à recevoir ces cours religieux qui ont fini par consumer leur curiosité intellectuelle.

L'une des pires critiques que je reçois est celle concernant la religion et je suis persuadée que nombreux de mes lecteurs religieux seront déçus par ce chapitre, car ils le verront comme une attaque contre leurs croyances. Je tiens d'abord à féliciter ces lecteurs qui sont très sensibles aux critiques religieuses de n'avoir pas abandonné la lecture jusqu'ici et les prierai de continuer sur ce chemin en faisant la découverte du texte qui suivra.

Ce texte est un extrait authentique du discours du ministre des colonies belges Jules Renquin aux missionnaires belges en 1920 avant leur départ pour le Congo, ancienne colonie belge. D'autres sources sur internet disent qu'il s'agit du discours du roi belge

Léopold II mais mes recherches m'ont confirmé qu'il est bel et bien de Jules Renquin. Cependant, peu importe s'il est du roi ou de son ministre ; il clair qu'il est de l'administration belge qui grâce à l'oppression religieuse a réussi à subjuguer un pays 200 fois plus grand que la minuscule Belgique.

* * * * *

« Révérends pères et chers compatriotes, Soyez les bienvenus dans notre seconde patrie, le Congo Belge. La tâche que vous êtes conviés à y accomplir est très délicate et demande beaucoup de tact. Prêtres, vous venez certes pour évangéliser. Mais cette évangélisation doit s'inspirer de notre grand principe : tout avant tout pour les intérêts de la métropole (La Belgique). Le but essentiel de votre mission n'est donc point d'apprendre aux noirs à connaître Dieu. Ils le connaissent déjà. Ils parlent et se soumettent à un Nzambé ou un Nvindi-Mukulu et que sais-je encore. Ils savent que tuer, voler, calomnier, injurier est mauvais. Ayez le courage de l'avouer, vous ne venez donc pas leur apprendre ce qu'ils savent déjà. Votre rôle consiste, essentiellement, à faciliter la tâche aux administratifs et aux industriels. C'est donc dire que vous

interpréterez l'évangile de la façon qui sert le mieux nos intérêts dans cette partie du monde. Pour ce faire, vous veillerez entre autres à : Désintéresser nos sauvages des richesses matérielles dont regorgent leur sol et sous-sol, pour éviter que s'intéressant, ils ne nous fassent une concurrence meurtrière et rêvent un jour à nous déloger. Votre connaissance de l'évangile vous permettra de trouver facilement des textes qui recommandent et font aimer la pauvreté. Exemple : "Heureux sont les pauvres, car le royaume des cieux est à eux" et "Il est plus difficile pour un riche d'entrer au ciel qu'à un chameau d'entrer par le trou d'une aiguille". Vous ferez donc tout pour que ces Nègres aient peur de s'enrichir pour mériter le ciel. Les contenir pour éviter qu'ils ne se révoltent. Les administratifs ainsi que les industriels se verront obligés de temps en temps, pour se faire craindre, de recourir à la violence (injurier, battre...). Il ne faudrait pas que les Nègres ripostent ou nourrissent des sentiments de vengeance. Pour cela, vous leur enseignerez de tout supporter. Vous commenterez et les inviterez à suivre l'exemple de tous les saints qui ont tendu la deuxième joue, qui ont pardonné les offenses, qui ont reçu sans tressaillir les crachats et les insultes. Les détacher et les faire mépriser tout ce qui pourrait leur donner du courage de nous affronter. Je songe ici spécialement à leurs nombreux fétiches de guerre qu'ils prétendent les rendre invulnérables. Etant donné que les vieux n'entendraient point les abandonner, car ils vont bientôt disparaître, votre action doit porter essentiellement sur les jeunes.

Insister particulièrement sur la soumission et l'obéissance aveugle. Cette vertu se pratique mieux quand il y a absence d'esprit critique. Donc évitez de développer l'esprit critique dans vos écoles. Apprenez-leur à croire et non à raisonner. Instituez pour eux un système de confession qui fera de vous de bons détectives pour dénoncer tout noir ayant une prise de conscience et qui revendiquerait l'indépendance nationale.

Enseignez-leur une doctrine dont vous ne mettrez pas vous même les principes en pratique. Et s'ils vous demandaient pourquoi vous comportez-vous contrairement à ce que vous prêchez, répondez leur que "vous les noirs, suivez ce que nous vous disons et non ce que nous faisons". Et s'ils répliquaient en vous faisant remarquer qu'une foi sans pratique est une foi morte, fâchez-vous et répondez "heureux ceux qui croient sans protester".

Dites-leur que leurs statuettes sont l'œuvre de Satan.

Confisquez-les et allez remplir nos musées (...) Faites oublier aux noirs leurs ancêtres.

Ne présentez jamais une chaise à un noir qui vient vous voir (...) Ne l'invitez jamais à dîner même s'il vous tue une poule chaque fois que vous arrivez chez lui. Ne jamais dire "vous" à un noir, car il se croirait l'égal du blanc.

Considérez tous les noirs comme des petits enfants (...) Exigez qu'ils vous appellent tous "mon père" (...). Ce sont là, Chers compatriotes, quelques-uns des principes que vous appliquerez sans faille. Vous en trouverez beaucoup d'autres dans des livres et textes qui vous seront remis à la fin de cette séance. Le Roi attache beaucoup d'importance à votre mission. »

Fin de citation

Les sentiments des uns et des autres différeront vis-à-vis de ce texte selon qu'ils sont religieux, chrétiens de surcroît ou non. Peu importe l'effet que cela fait. J'invite chaque lecteur à plus de recherches et d'études des religions. Que chacun se fasse la faveur d'apprendre sur l'histoire, la genèse, les fondements et les enseignements d'autant de religions que possible car c'est la seule et véritable manière de trouver le « salut ». La plupart des gens héritent leurs religions de leurs parents et n'osent souvent pas questionner celle-ci ou ne cherchent à en savoir plus sur d'autres religions. Il est dommage qu'en Afrique nous étudions en histoire les religions importées et ne prenons jamais le temps d'étudier celle de nos ancêtres. Je suis peinée qu'une grande partie des jeunes togolais connaissent très peu sur le Vodou ou d'autres religions traditionnelles togolaises et passent leur temps à prier Mawu (Dieu selon eux) pour exiger sa protection contre les fidèles de Légba (le Dieu des Vodou selon eux). Ce qu'ils ignorent « grâce » à leur inculture est que Mawu est en réalité le Dieu suprême des Vodou et Légba n'est que son fils. Demander à Mawu (que les missionnaires ont fait passer pour le père de Jésus alors qu'il est en réalité celui de Légba) pour maudire les sorciers (les animistes selon eux) est la pire incongruité qui puisse exister. Si l'on avait étudié nos religions traditionnelles, l'on serait moins ridicule aux yeux des oppresseurs ainsi que de ceux de nos ancêtres. Mais encore que l'école n'est pas le lieu où l'on apprend les choses mais le lieu où l'on apprend comment apprendre les choses. Nous sommes tous capables aujourd'hui d'apprendre nous-mêmes sur notre religion et notre histoire. Même si nous l'appelons une mythologie, ce n'est pas grave. L'essentiel est que cette démarche soit entreprise. Je suis née d'un père musulman et d'une mère qui a grandi dans le catholicisme et aujourd'hui, bien que je respecte la religion de mes parents, je ne me retrouve dans aucune d'elles parce que je sais que mon grand-père n'est pas descendu d'un Juif du nom d'Abraham et je ne suis pas intéressée par le paradis de celui-ci ; peu importe l'âge auquel sa femme a eu un bébé.

XI

LA FALSIFICATION DE L'HISTOIRE

« *L'histoire de l'humanité est un mouvement du règne de la nécessité vers le règne de la liberté* » Mao Tsé Zedong

Je n'avais pas initialement prévu incorporer le droit de réponse qui suit dans le livre, car il fut rédigé après que j'ai eu fini d'écrire « La Pression de L'Oppression ». Mais suite au succès qu'il a eu auprès de mes lecteurs sur les réseaux sociaux, j'ai jugé nécessaire de l'inclure dans ce livre afin de donner l'occasion à ceux qui me découvrent pour la première fois de dévorer ce texte que j'ai rédigé à Mlle Marion Maréchal Le Pen, la plus jeune parlementaire de la République Française.

La connaissance de l'histoire de l'oppression d'un peuple est tout aussi essentielle au peuple parenté aux oppresseurs, qu'elle l'est pour celui des opprimés. Très souvent, les oppresseurs cachent l'histoire de leurs exactions à leurs proches, car ils savent que ces actes ignobles qu'ils commettent sont insoutenables et peuvent leur créer des ennuis au sein de leur propre clan. Aucun parent ne peut se réjouir de révéler à son enfant qu'il est un être méchant, barbare, égoïste, arriviste et meurtrier et c'est ce qui explique le fait que les puissances impérialistes qui ont opprimé des millions de personnes de par le monde refusent souvent d'enseigner à leur propre peuple, l'histoire de leur barbarie.

Au contraire, ils falsifient cette histoire en se faisant passer pour des héros et des bons samaritains qui ont œuvré pour le bonheur des autres et se sont sacrifiés pour améliorer les conditions de vie des autres. Et cette falsification de l'histoire engendre un complexe de supériorité au sein de leur peuple qui pense à tort que ces autres peuples opprimés par leur nation leur doivent reconnaissance et remerciements alors que ce sont plutôt eux qui doivent à ceux-ci, excuses et réparations. Par conséquent, quand ils affichent un caractère hautain vis-à-vis des autres et reçoivent la haine en retour de la part de ceux-là devant qui, ils devraient baisser la tête, ils pensent que ces derniers sont des ingrats et se mettent à les mépriser ; ce qui élargit le fossé déjà creusé entre les deux groupes.

La dégénération de ces relations conduit dans certains cas à de graves conflits qui auraient pu être évités si et seulement si la vérité n'avait pas été cachée à un camp. De nos jours, on entend les ressortissants des puissances impérialistes européennes dire que leurs pays n'ont fait que rendre service à l'Afrique et ces derniers ont du mal à comprendre ce pourquoi certains Africains les détestent. L'histoire de l'oppression des peuples doit être connue aussi bien par les descendants des oppresseurs que par ceux des opprimés sans quoi, il n'y aura jamais de paix entre ceux-ci.

Quelques jours après le décès de Nelson Mandela, la petite fille de Jean-Marie Le Pen (politicien de l'extrême droite française, ancien militaire qui s'est battu en Algérie pour maintenir la domination française sur les peuples algériens et qui est accusé d'avoir commis des atrocités au cours de cette guerre) a lors d'un entretien sur la chaîne de Télévision BFM TV dit que dans leurs colonies (colonies françaises), ils (les français) n'ont jamais appliqué l'Apartheid et qu'ils peuvent en faire une fierté. Ce que cette jeune députée de 24 ans voulait dire à travers ces propos est que la France n'a jamais établie dans ses colonies un système de ségrégation raciste et raciale comme l'Apartheid. Ces propos auraient sûrement choqué plus d'un si c'était un parlementaire allemand qui avait dit que l'Allemagne peut être fière de n'avoir jamais appliqué l'Apartheid quand nous tous savons ce que certains peuples ont connus sous Hitler qui n'est pas plus grave que ce que les français eux ont commis comme barbaries dans leurs anciennes colonies. J'ai rédigé ce droit de réponse pour remettre les points sur les « I » et les barres sur les « T » à tous ces français qui par ignorance ou par vulgarité, se moquent du passé douloureux de ces peuples que la France a opprimés. Je me suis dite que c'était un devoir d'éduquer les jeunes français sur le passé de leur propre nation afin que ces derniers soient moins arrogants vis-à-vis de nous les enfants de ceux à qui la France a retiré le droit d'appartenir à la race humaine.

Droit de Réponse à Marion Maréchal Le Pen

"Dans nos colonies, nous n'avons jamais appliqué l'Apartheid. On peut en faire une fierté." Marion Maréchal Le Pen

Mlle Marion Le Pen, je souhaiterais avant tout vous informer que la France ne possède plus de colonies à moins que vous ne désigniez par-là la Corse; ce dont je doute.

Depuis de nombreuses années que je tombe à chaque fois par hasard sur les déclarations des membres de votre parti le Front National, et plus précisément de ceux de votre famille à savoir votre grand-père Jean-Marie Le Pen et votre tante Marine Le Pen, je n'ai jamais jugé bon de répondre aux multiples inepties que vos proches ont tendance à pondre. Mais cette fois, suite à votre déclaration incongrue qui sans nul doute affiche votre ignorance béante de ce pays que vous prétendez représenter à l'Assemblée Nationale, j'ai décidé de vous répondre car je n'ose pas croire que vous êtes une imbécile pour vous répondre par mon silence comme j'en ai pris l'habitude avec votre tante Marine.

Mlle Marion Maréchal Le Pen, par cette déclaration « *Dans nos colonies, nous n'avons jamais appliqué l'Apartheid. On peut en faire une fierté* » que vous aviez faite sur BFM TV le 16 Décembre dernier lors d'une émission au cours de laquelle vous sembliez rendre hommage à Nelson Mandela, ce monsieur que votre « papy Jean Marie » traitait affectueusement de « terroriste »[14] dans les années 80, vous ne m'avez point choqué car je sais que la France dans laquelle vous avez grandi ne vous a jamais apprise dans ses écoles, les horreurs qu'elle a commises dans ses anciennes colonies. Vous êtes de cette génération à qui la France ment et à qui la France cache son linge sale que vous avez pourtant le devoir de laver afin de réduire le degré de haine et de dégout que ressentent ceux-là que votre pays, dont vous êtes si fière, a humiliés, déshumanisés, torturés, exploités, opprimés, réprimés et continue de martyriser. Comment pouvez-vous laver le linge sale de votre chère France si durant toute votre vie, les gens comme votre grand-père qui avaient soutenu l'Apartheid ont passé leur temps à vous faire croire que la France n'a fait

---

[14](Bayet 2013)

qu'aider les « autres » à se « civiliser ». Oui, la civilisation de la sauvagerie et de l'avilissement !

Mlle Le Pen, à 24 ans, vous êtes la plus jeune député de la France et étant votre cadette de quelques mois seulement, je peux donc conclure que vous et moi sommes de la même génération et je pourrai alors dire qu'à cet âge et avec le poste que vous occupez, vous devriez connaître la vraie histoire de votre pays la France si et seulement si vous eûtes fait preuve de moins de paresse intellectuelle en ne vous contentant pas que des histoires que vous raconte « Papy Jean-Marie » mais hélas ! Je vais donc vous rendre un très petit service en parcourant avec vous quelques-unes des politiques de la France dans ses anciennes colonies qui étaient pires que l'Apartheid en Afrique du Sud.

Avant tout, laissez-moi vous rappeler que vos ancêtres font partie de cette espèce d'êtres humains qui ont jugé noble d'acheter, de vendre d'opprimer et de massacrer d'autres êtres humains. Le Code Noir[15] qui désigne l'ensemble de textes juridiques codifiant la vie des esclaves noires dans les anciennes colonies françaises

---

[15](Sala-Molins 2002)

(Indes françaises) est ordonné par le roi Louis XIV en 1685. Dans ce code, l'un des rois les plus adulés des « français de souches » comme vous Mademoiselle, a tout simplement animalisé les Noirs (pratique que des membres de votre parti telle qu'Anne-Sophie Leclerc continuent) et dénigré d'autres peuples pour le simple fait que ceux-ci avait une couleur de peau ou pratiquaient une religion différente de la vôtre. L'article 1er du Code Noir nous dit : « *Voulons que l'Édit du feu roi de glorieuse mémoire, notre très honoré seigneur et père, du 23 avril 1615, soit exécuté dans nos îles ; se faisant, enjoignons à tous nos officiers de chasser de nos dites îles tous les juifs qui y ont établi leur résidence, auxquels, comme aux ennemis déclarés du nom chrétien, nous commandons d'en sortir dans trois mois à compter du jour de la publication des présentes, à peine de confiscation de corps et de biens.* »[16]

Le Code Noir, chère Mlle Le Pen, est le fondement même des systèmes de ségrégation raciale et raciste comme l'Apartheid et l'on peut dire que les Boers d'Afrique du Sud se sont inspirés de la cruauté de vos ancêtres pour établir une version beaucoup plus diluée

---

[16](Sala-Molins 2002)

du Code Noir en Afrique du Sud. De la même manière que les Noirs étaient interdits de se regrouper durant l'Apartheid, Le Code Noir stipule dans son article 16 : « *Défendons pareillement aux esclaves appartenant à différents maîtres de s'attrouper le jour ou la nuit sous prétexte de noces ou autrement, soit chez l'un de leurs maîtres ou ailleurs, et encore moins dans les grands chemins ou lieux écartés, à peine de punition corporelle qui ne pourra être moindre que du fouet et de la fleur de lys ; et, en cas de fréquentes récidives et autres circonstances aggravantes, pourront être punis de mort».*[17]

En Afrique du Sud, bien que les Noirs fussent extrêmement sous-payés, ceux-ci recevaient quand même une compensation aussi infime soit elle pour leur travail et avaient le droit d'exercer certaines petites activités commerciales. Mais dans l'article 18 du Code Noir Mlle Le Pen, il est dit ceci: « *Défendons aux esclaves de vendre des cannes de sucre pour quelque cause et occasion que ce soit, même avec la permission de leurs maîtres, à peine du fouet contre les esclaves, de 10 livres tournois contre le maître qui l'aura permis et de pareille amende contre l'acheteur.* »

---

[17](Sala-Molins 2002)

Vos ancêtres voulaient absolument éviter que les Noirs ne disposent de ressources financières qui risqueraient de leur permettre d'acheter leur liberté à leurs maîtres comme c'était le cas dans certaines colonies britanniques et portugaises. Dans les anciennes colonies françaises, les esclaves ne pouvaient même pas rêver acheter leur propre liberté. Durant la période de l'esclavage, de nombreux historiens révèlent que plus d'un million de Noirs ont été massacré dans les colonies françaises seules. Vous me répondrez peut-être que la République Française et plus précisément la 5ème République du héros Charles De Gaulle n'a rien à avoir avec cette France esclavagiste. Et bien c'est vrai ! Votre 5ème République Française est pire que la France de Louis XIV : elle est la France de la barbarie pure et simple.

Mlle Le Pen, serez-vous toujours fière de votre chère France en apprenant que celle-ci a massacré froidement et sans remords 120 mille camerounais[18] en trois ans, de 1959 à 1962 pour le simple fait que ceux-ci ont réclamé leur droit le plus inaliénable qui est celui de

---

18(Deltombe, et al. 2011)

l'auto-détermination ? Je n'invente pas les chiffres car c'est le journaliste du Monde André Blanchet qui le dit suite à ses enquêtes alors que les camerounais quant à eux parlent de plus de 200 mille morts. En Algérie, il fut question de 700 mille morts[19] durant cette guerre coloniale que la France niait jusqu'en 1999 et qu'elle désignait affectueusement par « *évènements d'Algérie* ».

Au cours de la guerre d'Algérie, la France de De Gaulle avait créé des camps de concentration qu'elle avait rebaptisé « *camp d'internement* »[20] dans lesquels elle torturait et abattait sauvagement les arabes qu'elle y emprisonnait. Des milliers de jeunes filles pour la plupart des adolescentes ont été arrachées à leurs parents qui furent exécutés et réduites en esclaves sexuelles que les soldats français que votre 5ème République a fièrement décorés plus tard, violaient passionnément et collectivement[21]. Certaines des survivantes raconteront plus tard qu'elles étaient violées par au moins 100 soldats en une seule journée. De nombreuses tombèrent enceinte et eurent des « enfants

---

[19](Rivoire and Aggoun 2005)
[20](PESCHANSKI 2000)
[21](Beaugé 2001)

141

sans père » qu'aujourd'hui vos camarades appellent amicalement « la racaille ».

Mlle Le Pen, comparer l'Apartheid aux bestialités de la France dans ses anciennes colonies est comme comparer une gifle à une décapitation. Loin de moi l'intention de minimiser les exactions du régime de l'Apartheid contre les Noirs d'Afrique du Sud ou encore moins de justifier l'Apartheid, mais il est important que je vous apprenne que votre France dont vous êtes si fière fut et continue d'être l'une des puissances impérialistes les plus cruelles de l'histoire de l'humanité. Dans mon pays le Togo, durant la conquête coloniale, les soldats français ont coupé les deux pouces à l'aide d'une hache, aux guerriers de l'ethnie Konkomba qui résistaient à l'occupation française munis leurs arcs et flèches. Mlle Le Pen, s'il vous est difficile d'imaginer la douleur que ces milliers d'hommes ont ressentie, je me propose de vous faire cette expérimentation mais malheureusement j'ai peur d'abîmer vos maigres doigts qui n'ont sûrement jamais tenu une houe et un coupe-coupe de leur existence. C'est avec ces outils rudimentaires que des millions d'Africains ont cultivé des centaines de milliers d'hectares de force[22] pour épargner la famine à votre peuple avant, pendant et après les deux guerres mondiales et la crise économique de 1929 qui ont rendu la France plus pauvre et plus féroce et qu'elle ne l'était déjà .

Votre pays la France a établi après l'abolition de l'esclavage et bien entendu du Code Noir, un autre code cordialement appelé « Le Code de L'Indigénat »[23]. Ce code qui fut adopté en Juin 1881 et imposé aux peuples des colonies françaises en 1887, « *distinguait deux catégories de citoyens : les citoyens français (de souche métropolitaine) et les sujets français (les indigènes).* »[24] Ce complexe de supériorité qui régente votre peuple et que votre parti ne cesse de témoigner à travers ses discours provocateurs vous donne le droit d'appeler les autochtones des pays que vous êtes partis piller, des « indigènes ». Ce code de l'indigénat réduisait de nouveau les Noirs à l'esclavage ; rebaptisé en « travaux forcés ». Dans les anciennes colonies françaises, les Noirs devaient travailler de force pour la France sans compensation

---

[22](Fall 1993)
[23](Adli 2013)
[24] (Engambé 2013)

aucune. Certains avaient le devoir de cultiver le café, le cacao, le coton et autres produits agricoles qui ne peuvent jamais germer sur votre pauvre sol français. D'autres devraient, quant à eux, construire les chemins de fer et les wharfs qui devraient permettre à la France d'exporter les produits qu'elle volait aux colonies et d'autres enfin, devraient servir les administrateurs de colonies comme hommes de chambres, cuisiniers, vaguemestres, coursiers etc. La punition était les coups de fouet, l'amputation, ou la mort pour ceux qui voulait résister à la bestialité française. Entre 1908 et 1909, plus de 1500 [25]« infractions » au Code de l'Indigénat ont été réprimées au Congo-Brazzaville seul et «en 1928, Albert Londres journaliste au *Petit Parisien* « *découvre que la construction des voies ferrées ou les exploitations forestières provoquent un nombre effroyable de morts parmi les travailleurs africains du Sénégal au Congo* » et dans son article il écrira ceci: « *Ce sont les nègres des nègres. Les maîtres n'ont plus le droit de les vendre. Ils les échangent. Surtout ils leur font faire des fils. L'esclave ne s'achète plus, il se reproduit. C'est la couveuse à domicile.* [26]»

---

[25](Martin 2002)
[26](Londres 1928)

La répression dans les colonies françaises était si aigüe que des millions de personnes ont fui leurs villages pour s'installer dans les colonies britanniques. Robert Delavignette, haut fonctionnaire, directeur de l'Ecole de la France d'Outre-Mer et spécialiste des questions coloniales a rapporté la migration de plus de 100 mille Mossis de la Haute Volta (actuelle Burkina Faso) à la Gold Coast britannique (actuel Ghana)[27]. Le journaliste Albert Londres quant à lui, révéla aussi que plus de 600 mille personnes ont fui les colonies françaises d'Afrique de l'ouest vers la Gold Coast et plus de 2 millions ont fui les colonies d'Afrique centrale et une partie de l'Ouest vers le Nigeria qui était aussi une colonie britannique[28]. La barbarie inouïe des colonisateurs français était insupportable aux « indigènes » qui ont préféré la domination britannique à la domination française. Ne dit-on d'ailleurs pas « qu'entre deux maux il faut choisir le moindre ? »

Cependant, notez-bien Mademoiselle que la cruauté de cette France dont vous êtes si fière ne s'est pas arrêtée là. Afin de combler le vide dans ses colonies que

---

[27](Delavignette 1941)
[28](Londres 1928)

les populations désertaient du faite de sa répression intense, la France « exportait » de force, comme des troupeaux, les Africains d'un pays à un autre pour les faire travailler dans ses plantations. Des milliers de personnes ont été parachutées de la Côte d'Ivoire à la Centre Afrique, du Sénégal au Congo et j'en passe. Et quand ces dernières se sont décidées à obtenir leur liberté de la France et à mettre fin à leur exploitation, domination, oppression et répression, la France les a massacrés comme au Cameroun, en Algérie ou encore à Madagascar ou plus de 100 mille Malgaches ont été massacrés par les soldats français suite à leur soulèvement en 1947[29].

Mlle Le Pen, je peux écrire mille tomes d'un livre d'1 million de pages chacun pour vous relater la politique nauséabonde de votre chère France dans ses anciennes colonies. Je peux également passer des années à réciter les exactions commises par votre adorable France dans ses anciennes colonies qui surpassent de très loin ce que les Noirs d'Afrique du Sud ont connu avec les Boers. Je peux peindre du sang des dizaines de

---

[29](Langellier 2007)

millions de personnes que la France a bombardées, fusillées pendues, trempées dans le l'acide, brulées vif, décapitées, enterrées vivant, sur chacun des millions de murs en France et toujours manquer de place pour y peindre les larmes qu'ont fait couler et continue à faire couler votre France dans ses anciennes colonies.

Et pour finir, notez pour votre gouverne, que les Mandela de ces anciennes colonies à savoir Toussaint Louverture, Sylvanus Olympio, Ruben Um Nyobé, Barthélémy Boganda, Félix Moumié, Outel Bono, Modibo Kéita, Marien N'Gouabi, Ali Soilih, Mahamoud Harbi Farah, Germain Mba, Aline Sitoé Diatta, Thomas Sankara pour ne citer que ceux-la, ont été exécuté par cette France dont vous êtes si fière.

Ne venez surtout pas Mademoiselle remuer le couteau dans notre plaie qui refuse de guérir parce que des ignares se permettent à chaque fois de débiter des sordidités comme vous le faites.

Washington, le 19 Décembre 2013

XII

MANDELA : HÉROS OU HOUSE NEGRO ?

« Malheureux les pays qui ont besoin de héros »
Berthold Brecht

Depuis le décès de Nelson Mandela une polémique est née au sein de la communauté africaine et il est question de savoir s'il mérite d'être considéré comme un Héros de l'Afrique ou pas. De nombreuses personnes dont je comprends le courroux pensent que Mandela ne mérite pas d'être applaudi encore moins d'être appelé un héros mais un traître ; un « nègre de maison ». Ce dernier aurait trahi son peuple et l'Afrique en acceptant de devenir une « marionnette » de ses anciens tortionnaires et de ceux qui depuis des siècles ont assujetti le peuple sud-africain. Ceux-ci donnent pour raison le faite que l'Afrique du Sud soit toujours un pays où les Noirs vivent majoritairement en deçà du seuil de la pauvreté et où les Blancs contrôlent toutes les ressources économiques. C'est un fait que l'on ne saurait nier. D'autres encore, loin de lui en vouloir ne lui font pas confiance et doutent de la sincérité de son amour pour l'Afrique car il serait devenu le « chouchou » des occidentaux et des blancs et comme le dit l'adage « l'ami de mon ennemi est mon ennemi », ils préfèrent garder leurs distances vis-à-vis de quiconque est trop adulé par ces occidentaux qui hier soutenaient le régime de l'Apartheid ainsi que la violence contre les Noirs. Enfin, il y a de ceux qui se plaignent de l'attention que l'on porte à Mandela tout seul alors que d'autres vaillants sud-africains tels que Steve Biko[30] et Winnie Mandela (ex-épouse de Nelson Mandela) ont également joué un grand et décisif rôle dans cette lutte contre l'Apartheid. Je fais partie de ceux qui pensent que Nelson Mandela est un Héros.

Nelson Rolihlahla Mandela né en 1918 et a fait ses études primaires et secondaires dans des écoles construites spécifiquement pour les Noirs. À la fin de ses études secondaires, passionné par la culture africaine, il

---

[30](Conchiglia 2007)

décida de poursuivre ses études universitaires et étudiera les sciences sociales. En première année déjà, il fut identifié comme un semeur de trouble pour avoir organisé une manifestation estudiantine dont le but était de dénoncer la mauvaise qualité des repas servis dans les universités noires. Ceci lui vaudra une suspension et, recherché par la police, il prendra la fuite[31]. Avec l'aide d'un de ses cousins, il trouvera un emploi comme horloger dans une compagnie blanche Crown Mines mais sera renvoyé quand ses employeurs découvriront que c'est un fugitif[32]. Il trouvera ensuite un autre boulot comme clerc dans un cabinet d'avocat appartenant à un communiste juif. Et là-bas, il fera la connaissance d'autres communistes et se liera d'amitié avec ceux-ci dont quelques-uns militaient déjà dans l'ANC[33]. Mandela avec l'aide ses amis étudiera pour finalement passer sa License en 1943.

Après l'obtention de sa License, Mandela voulait absolument faire un troisième cycle à l'école de droit pour devenir avocat. À l'école de droit, il était le seul

---

[31](Smith 2010)
[32](Sampson 2011)
[33](Smith 2010)

Noir et était victime de racisme et de ségrégation, mais il n'abandonnera pas. À la fin de ses études, il montera ensemble avec son ami Oliver Tambo le premier cabinet d'avocat noir de l'Afrique du Sud et il travaillait principalement pour défendre la cause des Noirs abusés par leurs employeurs et luttera pour l'amélioration des conditions de travail des Noirs[34].

Mandela s'engagera ensuite pleinement dans l'ANC et deviendra un leader du parti grâce à son charisme, son sens du leadership et sa capacité de mobilisation et d'organisation. Il consacrera tout son temps à la politique. Il recrutera, mobilisera et organisera les jeunes Noirs à lutter contre l'Apartheid. Il se déplacera dans plusieurs pays d'Afrique avec des fausses cartes d'identités pour obtenir des ressources financières et militaires des nationalistes Africains dans tous les quatre coins du continent. Et contrairement à ce que l'on essaie de faire croire, Mandela n'a jamais été un pacifiste ; du moins pas avant sa fameuse détention de 27 ans. Mandela, en 1955, conclura qu'il serait impossible de lutter contre les dominateurs blancs de façon non-

---

[34](Sampson 2011)

violente et fera appel à la Chine pour obtenir des armes[35]. En 1956, il sera arrêté pour haute trahison mais la cour le trouvera non coupable en Mars 1961.

Mandela reprendra le combat et continuera à voyager et à mobiliser les ressources pour lutter contre les oppresseurs. Il étudiera les techniques de la guérilla de Che Guevara et Mao Zedong et s'inspirera de la révolution cubaine de Fidel Castro pour créer le MK (Umkhonto we Sizwe) initialement constitué de communistes. Le MK deviendra plus tard la branche armée de l'ANC[36]. Il organisera des attaques contre les propriétés des oppresseurs ; il bombardera des usines, des entrepôts d'armes et des bâtiments appartenant aux oppresseurs. Pour obtenir des ressources financières et les armes, Il se rendra en Éthiopie pour rencontrer le roi Hailé Sélassié, en Égypte pour rencontrer le président Nasser, en Tunisie pour rencontrer le président Bourguiba, en Guinée Conakry rencontrer le président Sékou Touré, au Liberia rencontrer le président William Tubman, au Mali rencontrer le président Modibo Keïta[37]

---

[35](Mandela 1995)
[36](Sampson 2011)
[37](Mandela 1995)

etc. En fin de compte, presque toute l'Afrique contribuait d'une manière ou d'une autre à la lutte armée de l'ANC contre l'Apartheid. Le 2 Août 1962, il sera arrêté et condamné deux ans plus tard en Juin 1964 à la prison à perpétuité. Mandela passera 27 années de sa vie en détention[38].

J'ai jugé bon de survoler le parcours de Mandela pour rappeler à toutes les personnes qui l'accusent à tort ou à raison d'être un traître que ce monsieur a malgré tout, énormément sacrifié pour cette cause en laquelle il a cru et pour laquelle il s'est battu. Lors de son procès en 1964, Mandela a réaffirmé son attachement pour la lutte contre l'Apartheid et dira qu'il était prêt à mourir pour cette cause[39]. Ce monsieur aurait pu comme d'autres noirs sud-africains qui ont réussi à s'offrir des études universitaires dans les conditions les plus difficiles que l'on puisse imaginer, devenir un commis des oppresseurs Blancs avec un salaire relativement bon et mener une vie paisible et confortable comme l'ont fait de nombreux intellectuels noirs d'Afrique du Sud. Que personne ne traite de traître aujourd'hui. Mandela a

---

[38](Sampson 2011)
[39](Sampson 2011)

choisi de se battre contre l'injustice dont son peuple est victime. Il met ainsi sa vie et celle de sa famille en péril. Il a sacrifié sa vie de famille, son premier mariage, peut-être aussi le deuxième, sa carrière, sa liberté et même sa dignité pour défendre son peuple[40]. Il a souffert dans l'âme et dans la chair en supportant humiliations et tortures de la part de ses tortionnaires. Il a résisté longtemps à la corruption et a refusé de se faire acheter par les Boers pour abandonner la lutte. Il s'est offert corps et âme à la lutte contre l'Apartheid à une époque où nombreux avaient peur de mettre en cause le système raciste.

Il est vrai que Mandela, vers la fin de son séjour en prison, s'est plus ou moins rapproché de ses oppresseurs et que dès sa sortie de prison, ne prêchera pas la vengeance mais plutôt la réconciliation et la paix. Mais la paix n'a pas été prêchée au détriment de la justice et au profit de l'impunité. Nombreux de ceux qui accusent Mandela de s'être engagé dans une politique de paix et de réconciliation parlent souvent comme si les Boers qui ont orchestré des horreurs contre les Noirs

---

[40](Smith 2010)

furent lavés de tous leurs crimes et graciés par Mandela. Des 7112 demandes d'amnisties obtenues par la Commission Vérité et Réconciliation mise en place en Afrique du Sud à la fin de l'Apartheid, seulement 849 ont été accordées en fonction de la gravité des crimes commis. Au total 5392 demandes ont été rejetées, soit un peu plus de 75% des demandes totales[41]. Doit-on donc dire de Mandela qu'il a blanchi les violateurs des droits de l'Homme parce que 25% des responsables de ces crimes ont été pardonnés ?

Le plus surprenant est que ceux-là même qui reprochent ce « pardon » à Nelson Mandela se disent être des Africains authentiques défenseurs des intérêts de l'Afrique et des valeurs africaines. Pourtant ils semblent oublier que dans la culture africaine, il n'existe pas que la justice punitive mais aussi la justice restitutive et restauratrice et que dans nombre de cultures africaines, tous les crimes ne méritent pas forcement l'incarcération ou la mort. Pardonner et rétablir les liens entre victimes et coupables afin de restaurer l'entente et de maintenir la paix sont des notions culturelles

---

[41](DOJ&CD 2009)

essentiellement africaines. Nous les Africains n'allons donc pas nous mettre à copier la France de Charles De Gaulle qui a mis à mort des milliers de citoyens français accusés de traîtrise parce que ceux-ci auraient collaboré avec le régime Nazi[42]. D'aucuns diront que l'on devrait procéder ainsi parce que ce sont des Blancs. Eux, oublient que le combat de Mandela était un combat racial contre le racisme et non un combat raciste. Certes, les Boers étaient des Blancs et certes les Boers ont opprimé les Noirs d'Afrique du Sud. Mais cela ne veut aucunement dire que tous les Blancs étaient des Boers et que tous les blancs ont opprimé les Noirs en Afrique du Sud.

L'on ne peut pas prôner la mise à mort des Boers sur la seule base qu'ils sont Blancs car des Blancs ont également combattu l'Apartheid. Des Blancs ont payé de leur vie pour avoir milité dans l'ANC contre l'inégalité raciale et l'injustice sociale. Joe Slovo, blanc d'origine juive, ami intime de Nelson Mandela, était un fervent militant de l'ANC et le chef de la branche militaire du MK. Après s'être fait inculper, son épouse Ruth First et

---

[42](Judt 2006)

lui pour trahison par le régime de l'Apartheid, Joe Slovo s'exilera au Mozambique, en Angola, et en Zambie où il mènera une résistance farouche contre le régime de l'Apartheid durant plus d'une vingtaine d'années[43]. Son épouse Ruth First qui était également blanche et militante redoutable de l'ANC sera assassinée en 1982 alors qu'elle était exilée au Mozambique. La Commission Vérité et Réconciliation accordera plus tard, l'amnistie à Craig Williams et Roger Raven qui étaient les assassins de Ruth First et avaient tenté d'assassiner Joe Slovo ainsi que d'autres leaders de l'ANC en exil[44]. Il faudrait alors comprendre que des Blancs ont aussi combattu dès les premières heures de l'Apartheid et savoir que des crimes commis contre ces Blancs anti-apartheid ont également été pardonné par la Commission Vérité Réconciliation.

Hormis la question raciale du « Blanc mérite la mort » ou le « Blanc mérite d'être chassé » il y a aussi la question de la répartition des richesses en Afrique qui tourmente les détracteurs de Mandela. Il est vrai qu'à ce jour, plus de 80 pour cent des ressources économiques de l'Afrique du Sud sont contrôlées par des Sud-africains

---

[43](Slovo 2002)
[44](IOL News 2000)

Blancs alors que les Blancs ne constituent que 8% de la population. Ceci est bel et bien une injustice contre laquelle il faut se combattre. Cependant, il est également important de souligner que ces richesses sont majoritairement détenues par moins d'1% de la population blanche ; c'est-à-dire que dans la minorité blanche, il y a encore une minorité qui constitue cette riche classe et qui contrôle la quasi-totalité des richesses du pays. Et cette minorité ne diffère pas des 1% qui détiennent plus des trois quarts des ressources du Royaume Uni ou encore des 1% qui empochent la quasi-totalité des revenus générés aux Etats-Unis d'Amérique[45].

Oui les plus riches sont les Blancs. Mais tous les Blancs ne sont pas les plus riches mais seulement 1% de ces blancs sont riches et ceux-ci dominent tout le monde y compris leurs « frères » de race. Dans mon pays le Togo ou plus de 90% de la population est Noire et Togolaise, la majorité des entreprises appartiennent aux étrangers occidentaux et asiatiques. Dans ce même Togo, il y a des Togolais, je précise, « Noirs de souche » dont le

---

[45](Baroo 2013)

revenu annuel dépasse le revenu annuel d'un million d'autres togolais rassemblés. Alors encore une fois, je répète que la question de l'inégalité économique en Afrique du Sud n'est pas que raciale et n'est pas spécifique au pays de Mandela. Les élites aristocratiques se retrouvent un peu partout dans le monde et même en Occident.

Mandela aurait dû faire comme Mugabe. Il aurait dû arracher les terres volées par les colonisateurs blancs et les redistribuer aux Noirs. Il aurait dû chasser les Blancs car ceux-ci n'étaient pas chez eux. Il aurait dû bloquer tout l'argent des Blancs et les renvoyer du pays etc... Ces options proposées par les « déçus » de Nelson Mandela auraient peut-être amélioré la condition de vie des Sud-africains. Cependant, il faudrait noter que durant l'Apartheid, les Boers ont pris soin de ne pas former les Noirs dans les domaines clefs qui leurs permettraient d'être indépendants si jamais ces derniers venaient à prendre le pouvoir. Ils ont instauré en 1953 le « *Bantu Education Act* » qui empêchaient aux Noirs d'étudier les matières telles que les mathématiques, l'architecture, les sciences physiques, la mécanique, la médecine et bien d'autres matières nécessaires à la construction et au développement de leur pays[46]. Quand Mandela arriva au pouvoir en 1994, il avait devant lui une population noire majoritairement illettrée ou mal lettrée et s'il avait fait comme Mugabe, c'est-à-dire retiré aux blancs les usines et entreprises pour les redistribuer aux Noirs qui n'avaient pas le niveau pour gérer ces propriétés, comment l'Afrique du Sud s'en serait-elle sortie ? En outre, cette décision aurait été une déclaration de guerre directe contre toutes les puissances occidentales qui détiennent des ressources militaires et financières pour déstabiliser cette nouvelle Afrique du Sud de 1994 et qui n'hésiteront pas à s'en servir pour balayer Mandela du revers de la main comme ce fut facilement fait avec Kadhafi en 2011.

Sur qui pouvait-il compter pour gérer ces usines et entreprises, s'il venait à les nationaliser ? Aujourd'hui en Afrique du Sud il existe une xénophobie inouïe contre les travailleurs noirs d'autres pays d'Afrique. Les Sud-Africains voyant ceux-ci comme d'autres envahisseurs violentent et maltraitent leurs frères africains qu'ils

---

[46](Clark and William 2011)

traitent d'étrangers. Des dizaines de Mozambicains, de Botswanais, de Swazi sont tués presque chaque année par les Noirs Sud-Africains qui ne veulent pas des « étrangers » chez eux[47]. Mandela devrait –il donc faire venir d'autres africains mieux éduqués pour gérer ces entreprises que son peuple ne pouvait pas gérer dû à la ségrégation raciale et intellectuelle dont elle fut victime quand les simples ouvriers des pays voisins sont rejetés, maltraités et abattus par ce même peuple ?

L'on me répondra peut-être que Sékou Toure s'en était assez bien sortit quand les colons français, chassés en 1958 avaient tout emporté avec eux laissant la Guinée sans ressources et sans intellectuels pour diriger les entreprises d'état et former les populations. Il n'est nul besoin d'expliquer que la politique de Sékou Touré bien qu'étant nationaliste ne servit pas à grand-chose dans le long terme vu la situation actuelle dans laquelle se trouve la Guinée aujourd'hui (l'un des pays les plus pauvres d'Afrique). Toutefois, a supposé que la stratégie de Sékou Touré fût un succès, notons que ce dernier avait bénéficié du soutien d'autres nationalistes en

---

[47](Neocosmos 2010)

Afrique tels que Sylvanus Olympio et Kwame Nkrumah. Mais dans l'Afrique de 1994 (année où Mandela a pris le pouvoir) presque tous les pays africains étaient dirigés par des valets qui pour la plupart ont saisi le pouvoir par des coups d'état et ont tué ces nationalistes qui étaient les amis de Nelson Mandela. Nous avions donc à la tête des pays africains des dictateurs fantoches comme Gnassingbé Eyadema, Blaise Compaoré, Ben Ali, Hosni Moubarak, Mobutu Sese Seko, Omar Bongo qui eux vendaient des armes aux Boers durant l'Apartheid alors que l'ONU avait lancé un embargo contre ce régime. Les quelques rares nationalistes qui étaient encore au pouvoir avaient leurs lots de problèmes car devenus minoritaires sur le continent, ceux-ci devaient doubler d'effort pour se maintenir au pouvoir.

Par ailleurs, il faille rappeler à ceux qui montrent Mugabe comme exemple que celui-ci a procédé à la réforme agraire en l'an 2000 soit 13 ans après sa prise de pouvoir car il lui était impossible de procéder à ce changement drastique dans les conditions dans lesquelles il avait pris le pouvoir au Zimbabwe en 1987. Il lui a fallu plus d'une décennie pour procéder à cette réforme. Or, Mandela lui n'a fait qu'un seul mandat de 5 ans. Il ne suffit pas de prendre le pouvoir politique pour tout changer d'un seul coup de façon radicale. Il faut d'abord avoir les moyens de sa politique et être sûr que son pouvoir peut résister aux contre-attaques de l'ennemi avant de s'attaquer à celui-ci. Aurait-on préféré que Mandela fasse 10 à 20ans au pouvoir afin de faire ces reformes avant de lui reconnaître son héroïsme ?

En outre, bien que Mandela n'eut pas arraché les terres aux Blancs pour les redistribuer aux Noirs comme l'auraient souhaité certains, il a fait passer des réformes et législations constitutionnelles et institutionnelles telles que le « *Restitution of Lands Act* » en 1994[48] et durant les 5 ans de son règne de 1994 à 1999, 250 milles Sud-Africains noirs se sont vu attribuer des terres grâce à cette réforme. Par ailleurs, Mandela a fait des reformes qui ont permis à plus de Noirs de s'inscrire à l'école. Mandela a réussi à construire en ses cinq ans de règne plus de 750,000 logements pour déloger 12 millions de Sud-Africains des bidonvilles. Sous son règne, 500 nouveaux hôpitaux ont été construits et les soins étaient gratuits pour les enfants

---

[48](South Africa History Online n.d.)

de moins de 6 ans ainsi que les femmes enceintes, les personnes handicapées et les personnes âgées[49]. Dans le même temps, 4 millions 900 mille personnes ont eu accès à l'eau potable et les populations rurales pauvres y ont accès gratuitement et 1 million 750 mille foyers ont été raccordés aux réseaux électriques permettant ainsi à près de 15 millions de personnes d'avoir accès à l'électricité[50].

Je laisse à chacun de mes lecteurs le soin de comparer les accomplissements de Nelson Mandela à ceux des dirigeants de leurs pays. Dans le cas de mon pays le Togo, en 2009, après 42 ans de règne de Gnassingbé père et fils, 69% des populations n'avaient pas accès à l'eau potable et plus de 90% des populations rurales étaient concernées selon L'ONU qui depuis lors a fait construire des centaines de forages dans les zones rurales afin de pallier à ce problème. Cinq années plus tard en Mai 2013, le ministre de l'eau, de l'assainissement et de l'hydraulique villageoise Mr. Bissoune Nabagou dira que le Togo ne pourra pas atteindre l'Objectif du Millénaire pour le Développement relatif à l'accès à l'eau.[51]. Au Togo, moins de 2% du budget national est

---

[49](Leaatt, Shung-King and Monson 2006)
[50](Herbst 2003)

accordé à l'eau soit à peine 300 millions de FCFA équivalant à 500,000 Euros[52]. Et pourtant, en 2010, l'Union Européenne a accordé une aide de 11 milliards de FCFA soit plus de 15 millions d'Euros pour permettre au Togo d'atteindre le septième objectif du millénaire du développement en rendant l'eau potable accessible à au moins 300 milles personnes[53]. Malheureusement, en 2013, l'eau demeure un luxe au Togo puisque les robinets des hôpitaux publics sont secs compliquant ainsi la situation déjà très désastreuse des services médicaux aux patients et aux personnels de la santé[54]. Aussi s'avère-t-il que la corruption étant le principal fil conducteur des régimes imposteurs, de nombreux barons du régime ont détournés les forages prévus pour les populations dans leurs fermes agricoles et maisons avant d'empocher une grande partie des aides.

Nelson Mandela n'a pas attendu l'ONU pour enclencher les reformes visant à sortir son peuple de la pauvreté et en cinq années de règne, il a accompli mieux

---

[51](Focus Infos 2013)
[52](Tagba 2013)
[53](L'INITIATIVE OMD DE L'UE 2010)
[54](Domegni 2013)

que la majorité des dirigeants africains contemporains qui, pour la plupart, ont passé plus d'une décennie au pouvoir.

Enfin, on me dira qu'il faut toujours se méfier de lui parce que depuis sa sortie de prison, les Occidentaux qui hier étaient ses ennemis sont devenus ses amis. À ceux-ci je répondrai avec deux proverbes de l'ethnie Éwé dont le premier se traduirait littéralement en français comme : « on voit les dents ricaner mais le ventre ne rit pas » et ceci veut dire que ce n'est pas parce que Mandela riait avec les occidentaux qu'il aimait ceux-ci et approuvaient leurs abus dans le monde. Il s'est insurgé contre l'invasion américaine en Iraq et en Libye ainsi que contre l'occupation israélienne de la Palestine pour ne citer que ceux-là. Le deuxième proverbe nous venant aussi de l'ethnie Ewé nous dit « la petite honte vaut mieux que la grande» pour signifier que les Occidentaux qui ont soutenu l'Apartheid se sont rendus compte dans les années 80 que le monsieur était une icône des « prolétaires du monde » entier et qu'il fallait donc faire semblant de l'aimer aussi afin de ne pas se faire huer par « les prolétaires » de tous les pays qui se sont « unis » pour exiger la libération de ce symbole de la résistance contre le racisme, l'impérialisme, le capitalisme, la domination, l'exploitation et l'oppression. Mandela ne s'est pas rapproché d'eux mais ce sont eux qui se sont rapproché de lui pour « sauver leur face ».

Nonobstant, même si Mandela était réellement devenu l'ami des Occidentaux comme l'affirment ses détracteurs, il méritera toujours mon respect car je ne pourrai me permettre de dénigrer un homme qui a passé plus de cinquante années de sa vie à lutter contre l'oppression de son peuple et plus d'un quart de siècle en prison parce qu'il voulait que ce peuple puisse avoir le droit de vivre dignement. Ces mêmes personnes qui dénigrent Mandela applaudissent Steve Biko qui lui fut tué au cours de la lutte. Est-ce à dire que pour être un héros, il faut se faire assassiner par ses ennemis et devenir un martyre ? Est-ce également à dire que Steve Biko a plus accompli dans sa tombe que Mandela durant ses cinq années à la tête de l'Afrique du Sud ? Steve Biko qui lui-même disait : « *vous êtes soit vivant et fier ou vous êtes mort, et quand vous êtes mort, tout vous est égal de toute façon* ».

Ce que Mandela a fait pour l'Afrique du Sud est loin d'être assez pour mettre fin à l'injustice et l'inégalité dans ce pays. C'est d'ailleurs très infime comparé à ce qui mérite encore d'être fait pour que l'Afrique du Sud soit libre. Mais cela dépasse de très loin ce que le commun des mortels fait pour son pays et pour son peuple au cours de sa vie. Apres des dizaines d'années de détention, l'on ne peut espérer qu'une personne sorte de prison avec la même manière de voir les choses qu'avant son incarcération. La vieillesse, l'isolement et la torture sont des choses qui changent toujours les hommes peu importe qui ils sont. Et Mandela est avant tout un humain et non un Dieu ou un messie ; la preuve est qu'il est mort et ne s'est pas ressuscité jusque lors. Aussi, l'on ne peut pas espérer que Mandela détruise en 5 ou 10 ans plus de 300 ans de domination occidentale. Cela fait 50 ans déjà que de nombreux pays africains se disent indépendants mais l'on peut toujours voir à quel point leurs peuples sont toujours marginalisés et vivent dans une extrême misère.

L'on n'est pas Héros pour ce que l'on n'a pas pu faire à cause de ces faiblesses qui sont inhérentes à tous les humains, mais l'on l'est pour le courage que l'on a eu d'avoir osé faire des choses positives que le commun des humains n'oserait jamais faire. Et Nelson Mandela est mon Héros parce qu'il a osé s'en prendre à l'injustice, à l'inégalité, au racisme, à la déshumanisation et à l'oppression vis-à-vis de son peuple. Il est un Héros pour avoir fait ce minimum et si tout le monde faisait autant, le monde serait plus juste et plus équitable. Il est mon Héros au même titre que toutes ces personnes qui de par le monde, Noires, Jaunes, Blancs ou Rouges se sont soulevées contre l'oppression de l'homme par l'homme, l'inégalité sociale et l'injustice.

Au-delà de tout ceci, il faudrait savoir et réaliser que l'Afrique du Sud et encore moins l'Afrique n'a pas besoin d'un héros mais des Héros. Chaque Africain doit être un héros pour lui et pour son peuple et doit se battre contre l'oppression ainsi que celle de son peuple plutôt que d'attendre qu'un Mandela ne vienne jouer le rôle du messie qui délivrera l'Afrique des « forces du mal ».

Pour finir, rien n'empêche personne de chercher à faire ce que Mandela a manqué de faire et pour cela, il n'est nul besoin d'être Sud-africain. Si Che Guevara a quitté l'Argentine en Amérique Latine pour aller se battre au Congo et en Algérie afin d'aider les congolais et les algériens à se libérer de l'impérialisme, je ne vois vraiment pas pourquoi les Africains d'autres pays qui détestent Mandela parce que celui-ci n'aurait pas fait assez, ne se rendrait-ils pas eux-mêmes en Afrique du Sud pour arracher les terres et richesses aux Blancs et les redistribuer aux Noirs. Qu'elle est facile la révolution surtout quand on se permet de porter un pseudonyme et un avatar avant de dire ce qu'on pense sur de simples réseaux sociaux ! Apprenons à respecter les gens qui ont eu le courage de se battre pour nous, même s'ils ont échoué dans leur mission.

Madiba, mon Héros Merci pour tout. Merci d'avoir inspiré tes « petits-enfants » et « arrières petits-enfants » comme moi, à porter le flambeau de la résistance contre l'oppression. Et comme le dirait mon autre « tonton » Thomas Sankara, « La patrie ou la mort, nous vaincrons ! »

XIII

LE COURAGE EST L'ESSENCE DE LA LIBERTE

« Il n'est point de bonheur sans liberté ni de liberté sans courage » Périclès

Très souvent, les personnes opprimées quand elles prennent conscience de leur condition, se mettent naturellement à détester les oppresseurs et à espérer qu'un « superman » viendrait les libérer de cette « prison ». Alors ils s'amourachent très vite avec quiconque prend le devant des choses et se porte volontaire pour combattre les oppresseurs. Ce qui arrive dans la majeure partie des cas est que des opportunistes en manque de célébrité et en quête de pouvoir se font passer pour ces « supermen » afin d'obtenir le soutien des opprimés pour atteindre leurs objectifs. Et très rapidement, ces populistes deviennent le porte flambeau de l'affranchissement bien que la liberté des opprimés est le dernier de leurs soucis.

Quand ces populistes prennent le pouvoir, ils causent souvent plus de dégâts que les anciens oppresseurs à qui ils ont succédés principalement parce que les opprimés leur faisant trop confiance, ne les tiennent pas à l'œil car étant convaincus qu'ils sont du même bord qu'eux. Malheureusement, les opprimés une fois qu'ils se rendent compte de la fourberie dont ils ont été victimes, deviennent déçus et l'expression qui en découle est « tous les politiciens sont les mêmes » alors qu'en réalité ça devrait être « tous les opprimés sont les mêmes » car cette naïveté se retrouve chez tous les opprimés sans quoi ils ne seraient opprimés. Est opprimé qui accepte de l'être. On me dira que c'est trop facile de faire ce jugement mais je pèse lourdement mes mots parce que je pense que la liberté ne s'arrache pas car elle n'est pas confiscable. La liberté c'est un pouvoir et elle s'exerce ! Est libre, qui choisit d'exercer sa liberté et est esclave qui refuse d'exercer sa liberté et décide de l'offrir à autrui. Le problème de l'opprimé n'est pas son oppression mais l'ignorance de son pouvoir : sa liberté. Si un homme choisit d'offrir sa liberté à quelqu'un qui s'en sert pour l'opprimer, le fait de la lui retirer pour l'offrir à quelqu'un d'autre ne le rend pas moins esclave.

Les dirigeants ne sont pas des personnes à qui l'on devrait donner son pouvoir (sa liberté) mais plutôt des gens à qui l'on lègue un peu d'autorité pour gérer certaines affaires au sein de la société. Ce n'est pas parce que le propriétaire d'une entreprise lègue un peu d'autorité à un gérant pour administrer l'entreprise que ce gérant devient le patron du propriétaire lui-même au point de s'approprier tous les biens de ce dernier et de le renvoyer s'il n'est pas content. Si cela se produit c'est que le propriétaire est tout simplement idiot. Malheureusement c'est ce qui se produit avec les citoyens (propriétaires des états) et les dirigeants (gestionnaire de ces états).

Il y a des années de cela à Lomé, j'ai assisté à une scène très déroutante. Il s'agissait d'un jeune conducteur de taxi-moto qui s'était fait gifler par un policier car il aurait enfreint le feu tricolore. J'ai observé la manière dont tous les autres jeunes « taximen » regardaient tristement la scène dont les plus courageux demandaient pardon au policier en faveur du conducteur giflé. Cette scène bien que courante dans un pays comme le Togo où la loi du plus faible (les dirigeants) est toujours la meilleure, m'a fait longuement réfléchir. Devant la loi, le policier a commis plus de torts que le conducteur car il a physiquement agressé un citoyen pour une infraction bénigne dont la sanction se limitait à quelques milliers de francs. Cependant, il a abusé de son pouvoir parce qu'il se savait avoir affaire à un ignorant qui lui n'oserait pas user de sa liberté de retourner la gifle. Qu'est ce qui a empêché au jeune conducteur de retourner la gifle ? Et bien c'est l'ignorance et la peur. L'ignorance de son pouvoir et la peur de la punition qui découlerait de l'usage de ce pouvoir.

La liberté a un prix : celui du courage, du sacrifice et de l'abandon de soi. Les égoïstes et les poltrons ne seront jamais libres. La liberté ne s'arrache pas car je crois en cette loi qui dit que chaque homme est né libre. La liberté elle s'exerce mais malheureusement, la plupart des hommes ignorant qu'ils la détiennent, ont peur de l'exercer car craignant les sanctions qui découleraient de son exercice. Ces sanctions sont pourtant le prix à payer pour être libre. Et qui créent ces sanctions ? Les gens rusés : les oppresseurs. Les oppresseurs créent ces sanctions telles que la torture, l'incarcération, le meurtre et autres parce qu'ils savent que les opprimés, étant des poltrons, ne prendront pas le risque de les défier en refusant de se faire exploiter, car ils ont peur de ces « sanctions ».

Je trouve inconcevable que dans les pays où les citoyens sont généralement des millions, ceux-ci aient une peur bleue des dirigeants qui généralement sont quelques milliers, quand ce sont eux qui les nourrissent, les blanchissent, les véhiculent et les logent ; c'est le monde à l'envers ! Les opprimés doivent exercer leur pouvoir le plus inhérent qui est celui de refuser d'être le serviteur d'un individu ou d'un système ; un pouvoir qui vient avec des sacrifices dont le plus grand est celui de sa vie. De toutes les façons, mettre sa vie à la disposition des oppresseurs pour que ceux-ci l'exploitent à leur guise est aussi un sacrifice. Un sacrifice qui ne profite qu'aux autres : les oppresseurs. Est-ce intelligent de sacrifier son énergie, son bien-être, sa sécurité et sa dignité pour rendre les oppresseurs heureux quand on peut s'en servir pour se rendre soi-même heureux ?

Le seul effort supplémentaire requis pour exercer sa liberté, c'est le courage. Et quand les opprimés se muniront de ce courage, finis les libérateurs, finis les oppresseurs, finis les manipulations, les duperies et les humiliations.

Fini la pression de l'oppression !

BIBLIOGRAPHIE

Leaatt, Annie, Maylene Shung-King, and Jo Monson. "Healing
inequalities: The free health care policy." *Healing
inequalities: The free health care policy.* 2006.n.d.

Adli, Fateh. Memoria. Mai 26, 2013.
http://www.memoria.dz/mai-2013/grandes-dates/le-
code-l-indig-nat-ou-l-art-la-r-pression (accessed
Decembre 31, 2013).

Afan, Mawuto. R. *La participation democratique en Afrique:
éthique politique.* Paris: CERF, 2001.

Baroo, Josh. *Business Insider* . September 12, 2013.
http://www.businessinsider.com/95-of-income-gains-
since-2009-went-to-the-top-1-heres-what-that-really-
means-2013-9 (accessed December 30, 2013).

Bayet, Céline. *7 sur 7.* Decembre 6, 2013.
http://www.7sur7.be/7s7/fr/16625/Nelson-
Mandela/article/detail/1753392/2013/12/06/Marine-Le-
Pen-salue-Mandela-traite-de-terroriste-par-le-
FN.dhtml (accessed Decembre 30, 2013).

Beaugé, Florence. *Algeria-Watch.* Octobre 11, 2001. Le tabou du
viol des femmes pendant la guerre d'Algérie
commence à être levé (accessed Decembre 2013, 2013).

Bernin, Pierre. *Le Monde Diplomatique.* October 2009.
http://www.monde-
diplomatique.fr/2009/10/BERNIN/18194 (accessed
December 30, 2013).

Bernstein, Adam. *Washington Post.* July 15, 2010.
http://www.washingtonpost.com/wp-
dyn/content/article/2010/07/14/AR2010071405530.html
(accessed December 31, 2013).

Botelho, Greg. *CCN .* May 23, 2012.
http://www.cnn.com/2012/05/18/justice/florida-teen-
shooting-details/ (accessed December 30, 2013).

—. "CNN.org." *CNN Justice.* May 23, 2012.
http://www.cnn.com/2012/05/18/justice/florida-teen-
shooting-details/ (accessed 12 29, 2013).

Clark, Nancy L, and Horger H William. *South Africa: The Rise
and Fall of Apartheid .* Routledge, 2011.

Conchiglia, Auguta. *Le Monde Diplomatique .* September 11,
2007. http://www.monde-diplomatique.fr/carnet/2007-
09-11-Steve-Biko-la-conscience-noire (accessed
December 30, 2013).

Congress of the United States of America . "Archives.gov."
National Archives. n.d.
http://www.archives.gov/historical-
docs/document.html?doc=9&title.raw=13th%20Amend

ment%20to%20the%20U.S.%20Constitution%3A%20A
bolition%20of%20Slavery (accessed December 29,
2013).

"Pbs.org." *PBS.* July 2, 1964.
http://www.pbs.org/wgbh/americanexperience/feature
s/primary-resources/lbj-civilrights/ (accessed
December 29, 2013).

Delavignette, Robert. *Les vrais chefs de l'empire* . Paris:
Guallimard, 1941.

Deltombe, Thomas, et al. *Le Monde.* Octobre 04, 2011.
http://www.lemonde.fr/idees/article/2011/10/04/la-
guerre-coloniale-du-cameroun-a-bien-eu-
lieu_1581974_3232.html (accessed Decembre 30, 2013).

DOJ&CD. *Department of Justice and Constitutional Development
of the Republic of South Africa.* 2009.
http://www.justice.gov.za/trc/amntrans/index.htm
(accessed December 30 2013, 2013).

Domegni, Maxime. *Sous la plume de Maxime Domegni.*
Fevrier 26, 2013.
http://maximedomegni.wordpress.com/2013/02/26/ges
tion-catastrophique-des-hopitaux-le-chu-sylvanus-
olympio-sans-ambulance/ (accessed Decembre 2013
30, 2013).

Engambé, André. Impôt colonial et résistance des populations du Congo. L'Harmattan, 2013.

Fall, Babacar. *Le travail forcé en Afrique occidentale française.* Karthala, 1993.

Focus Infos. May 16, 2013. http://www.focusinfos.net/index.php?option=com_content&view=article&id=1127:2013-05-16-14-21-09&catid=6:societe&Itemid=51 (accessed December 30, 2013).

Global Edge. *Mchigan State University.* n.d. http://globaledge.msu.edu/countries/bolivia/history (accessed December 30, 2013).

Herbst, Jeffrey. ""The Nature of South African Democracy: Political Dominance and Economic Inequality"." In *The Making and Unmaking of Democracy: Lessons from History and World Politics,* by Theodore K Rabb and Ezzra N Suleiman, 206-224. London: Routledge, 2003.

IOL News. *IOL News .* June 1, 2000. http://www.iol.co.za/news/south-africa/ruth-first-williamson-given-amnesty-1.39251#.UsIdprSOdQY (accessed December 30, 2013).

Judt, Tony. *POSTWAR: A History of Europe since 1945.* London: Penguin, 2006 .

Langellier, Jean-Pierre. *Le Monde.* Mars 28, 2007.

>   http://www.lemonde.fr/afrique/article/2007/03/27/les-
>   100-000-morts-de-l-insurrection-
>   malgache_888586_3212.html (accessed December 30,
>   2013).

Le Monde . Juin 09, 2013.

>   http://www.lemonde.fr/ameriques/article/2013/06/09/u
>   n-ancien-employe-de-la-nsa-derriere-les-revelations-
>   sur-les-ecoutes-numeriques_3426888_3222.html
>   (accessed Decembre 31, 2013).

Londres, Albert. *Terre d'ébène.* Paris: Albin Michel, 1928.

Mandela, Nelson. *Mandela: Long Walk to Freedom.* Little Brown
>   & Company, 1995.

Marles, Jules Lacroix de. *La conquête de l Espagne par les Arabes.*
>   Paris : Trident , 2004.

—. *La conquête de l'Espagne par les arabes* . Paris: Trident, 2004.

Martin, Phyllis M. *Leisure and Society in Colonial Brazzaville.*
>   Cambridge University Press, 2002.

Neocosmos, Michael. *From 'Foreign Natives' to 'Native
>   Foreigners'.* Dakar: CODESRIA, 2010.

ONFEDTOGO.ORG. 2010.

>   http://www.onfedtogo.org/index.php/joomladefault/bl
>   og/les-omd (accessed Decembre 30, 2013).

Pen, Marion MaréchaL- Le, interview by Jean-Jacques Bourdin. *BOURDIN DIRECT* (Decembre 16, 2013).

PESCHANSKI, Denis. "Les camps français d'internement (1938-1946)." *Les camps français d'internement (1938-1946)*. UNIVERSITÉ PARIS 1 PATHEON-SORBONNE, 2000.

Rivoire, Jean-Baptiste, and Lounis Aggoun. *Francalgérie, crimes et mensonges d'Etats* . Paris: La Découverte , 2005.

RTBF. Juin 19, 2012. http://www.rtbf.be/info/monde/detail_afrique-main-basse-sur-les-terres-agricoles-danger-pour-les-africains?id=7789717 (accessed Decembre 28, 2013).

Russel, Edith. "United Church of Christ ." *UCC.ORG.* 2006. http://www.google.com/url?sa=t&rct=j&q=&esrc=s&source=web&cd=1&ved=0CDsQFjAA&url=http%3A%2F%2Fwww.ucc.org%2Fjustice%2Fcoffee-project%2Fpdfs%2Fcoffee-powerpoint-short-version.ppt&ei=uXLHUtjbGJXQsATdmIHADQ&usg=AFQjCNGSVksGqk7YeghF09GuE6t-Jv1m0A&sig2=zaCysVY (accessed Decembre 28, 2013).

Sala-Molins, Louis. *Le Code Noir ou le Calvaire de Canaan.* Paris: Quadrige, 2002.

Sampson, Anthony. "Mandela: The Authorised Biography." In *Mandela: The Authorised Biography*, by Anthony Sampson, August. London: HarperCollins, 2011.

Slovo, Joe. *Slovo: The Unfinished Autobiography of ANC leader Joe Slovo*. Ocean Press, 2002.

Smith, David James. "Young Mandela ." In *Young Mandela*, by David James Smith, 36-36. Windenfeld & Nicolson, 2010.

South Africa History Online. n.d. http://www.sahistory.org.za/dated-event/restitution-land-rights-act-signed (accessed December 30, 2013).

Stanford University . n.d. http://www.stanford.edu/class/history48q/Documents/EMBARGO/2chap6f.htm (accessed 12 2013, 2013).

Tagba, Felix. *Media Terre* . 2013. http://www.mediaterre.org/international/actu,2013082 8165350.html (accessed December 30, 2013).